霊肉修養 神通自在

達磨大師原著
吉田正平 訳

裏面達磨像の說明

普通達磨の像は之を本書紙意匠の如く上半身だけを描くのは面壁九年の結果其の脚が腐れたなどゝいふ俗說に基因してゐる。

裏面に撮影してある像は達磨が高山幽谷大川を跋渉し萬里の長途を踏破して支那に來て梁の武帝に說法してゐる光景である、其の魁偉な體軀と、其の雄勁な筋骨と、其の困苦欠乏に堪へた氣力とは紙上に躍如として稀代の怪僧の風丰髣髴たるものがある。

眞阿彌童八氏作

（表面記事参照）

伊勢松坂養泉寺住職　著者の先師　故水野良英禪師題辭

誰寒口杉擔雪小水
咄云達磨祇說四法

皇明治卅又季五
芝隱英

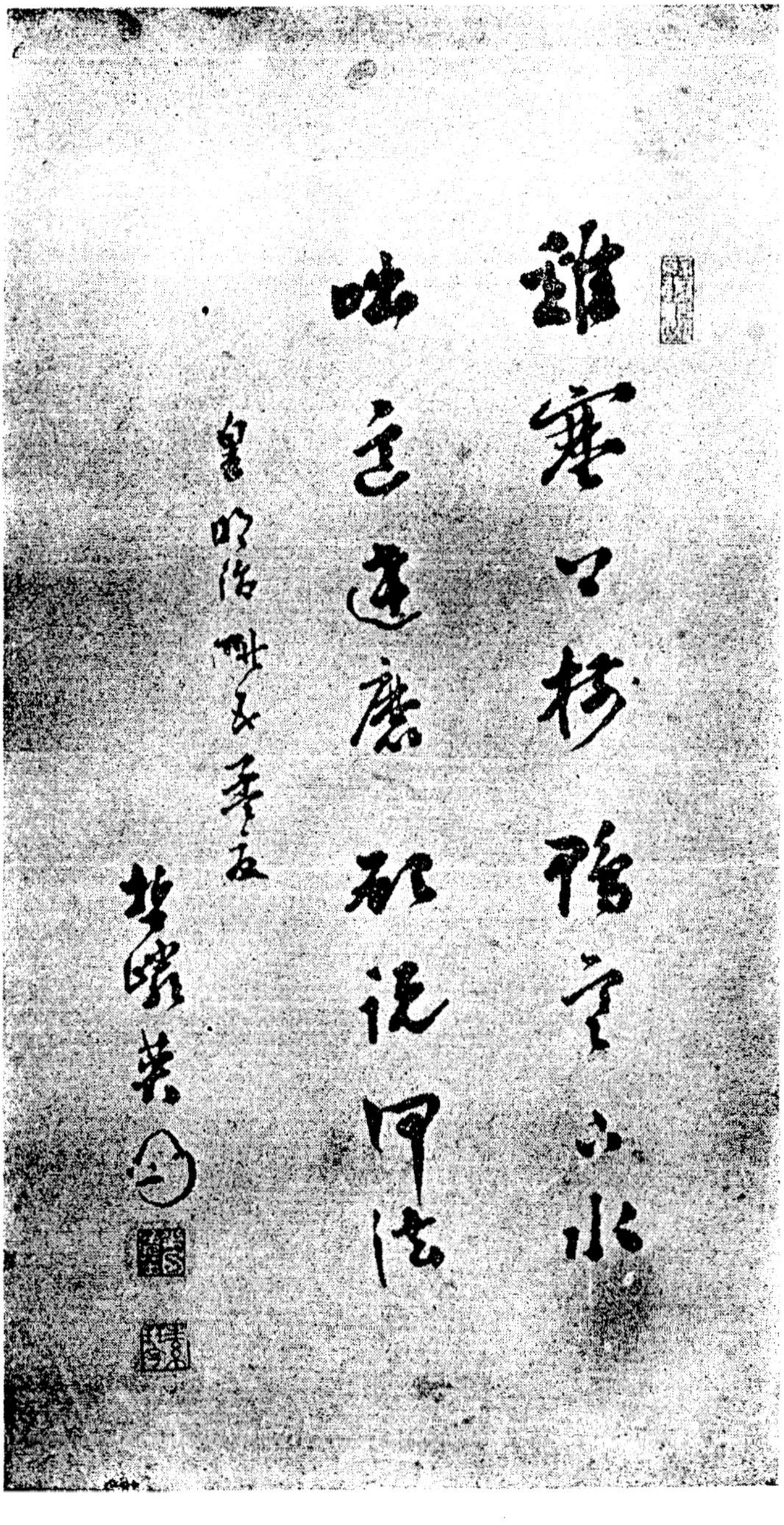

頭山満翁題辭

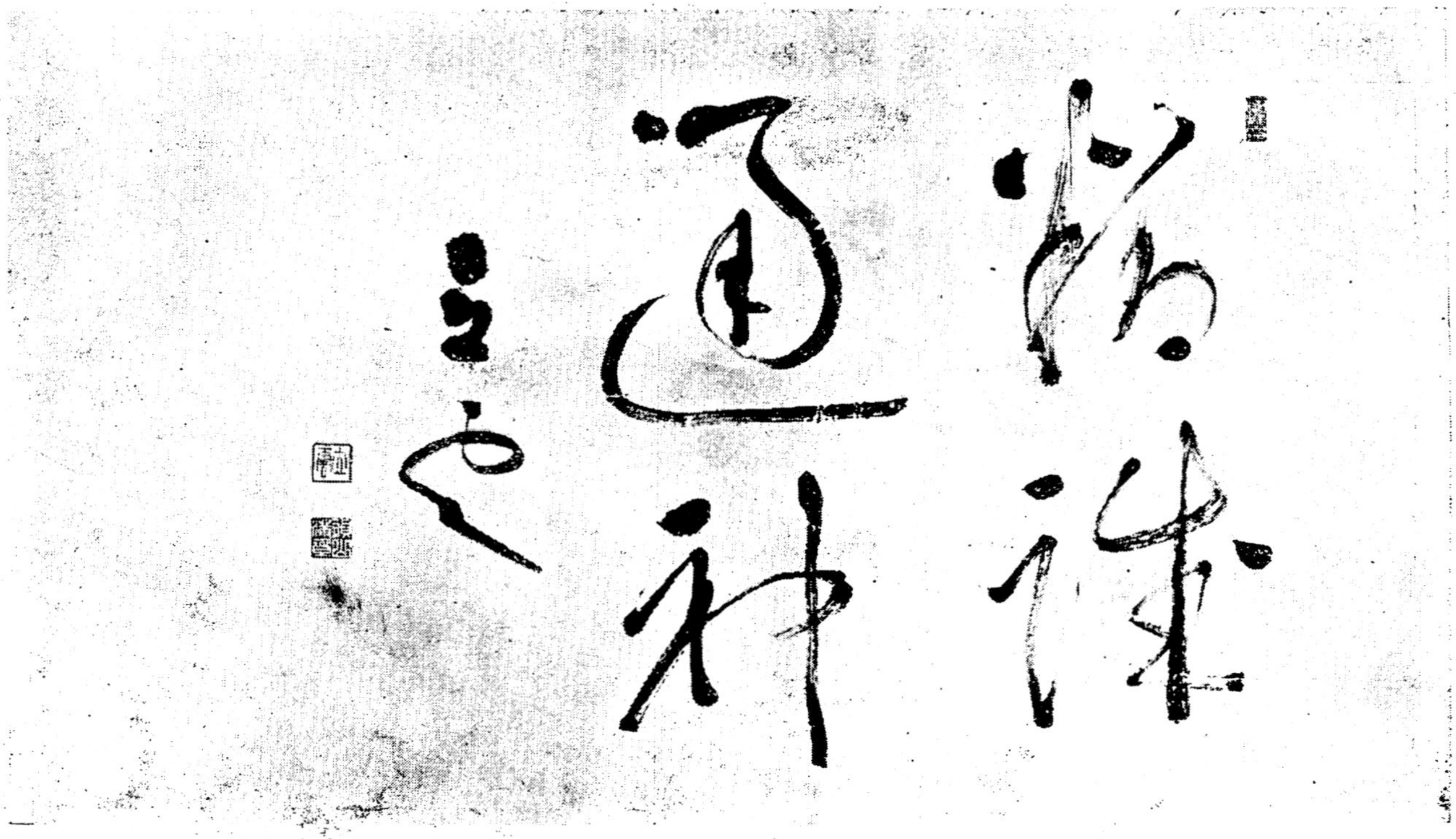

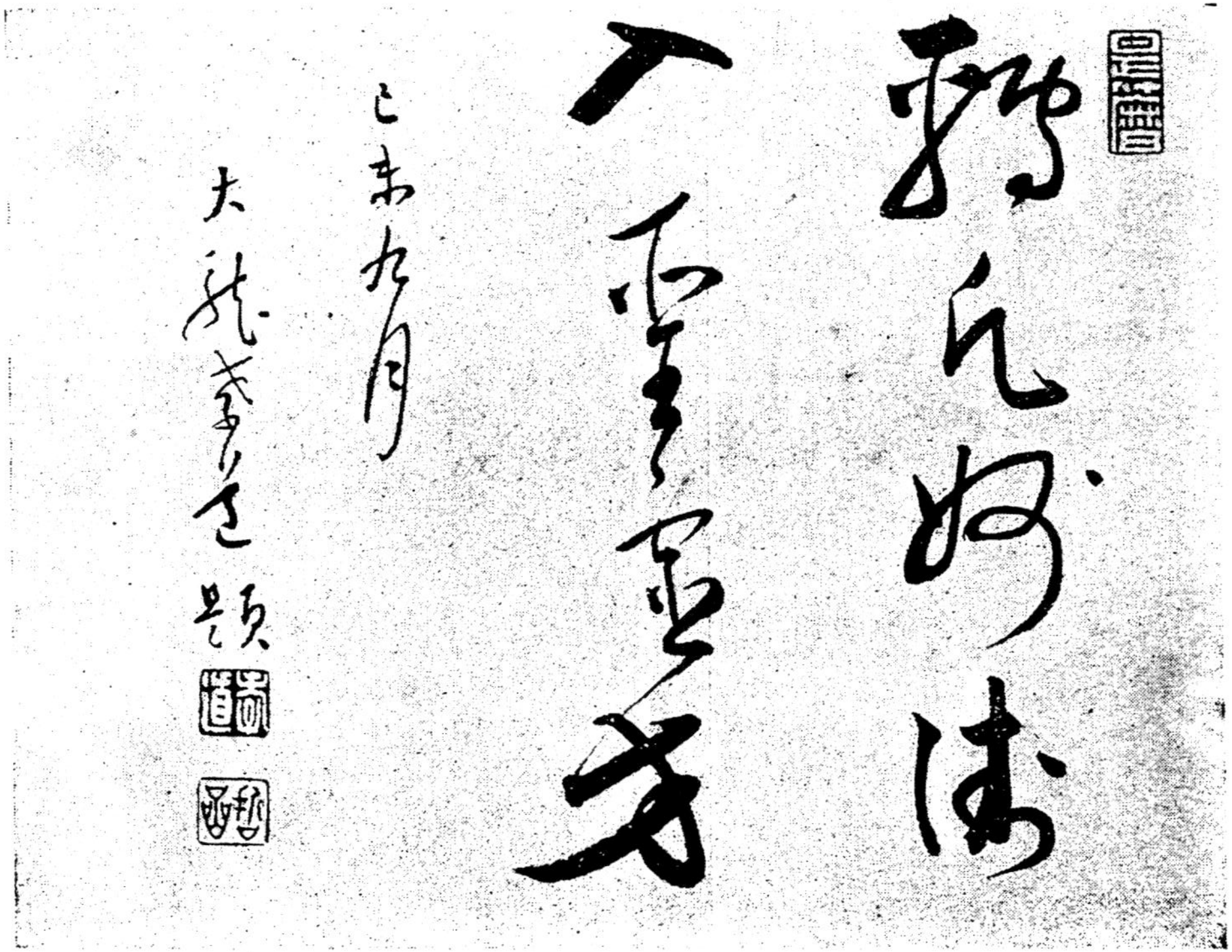

元曹洞宗佛敎大學々長　山田孝道禪師題辭

法學博士 寺尾亨氏題辭

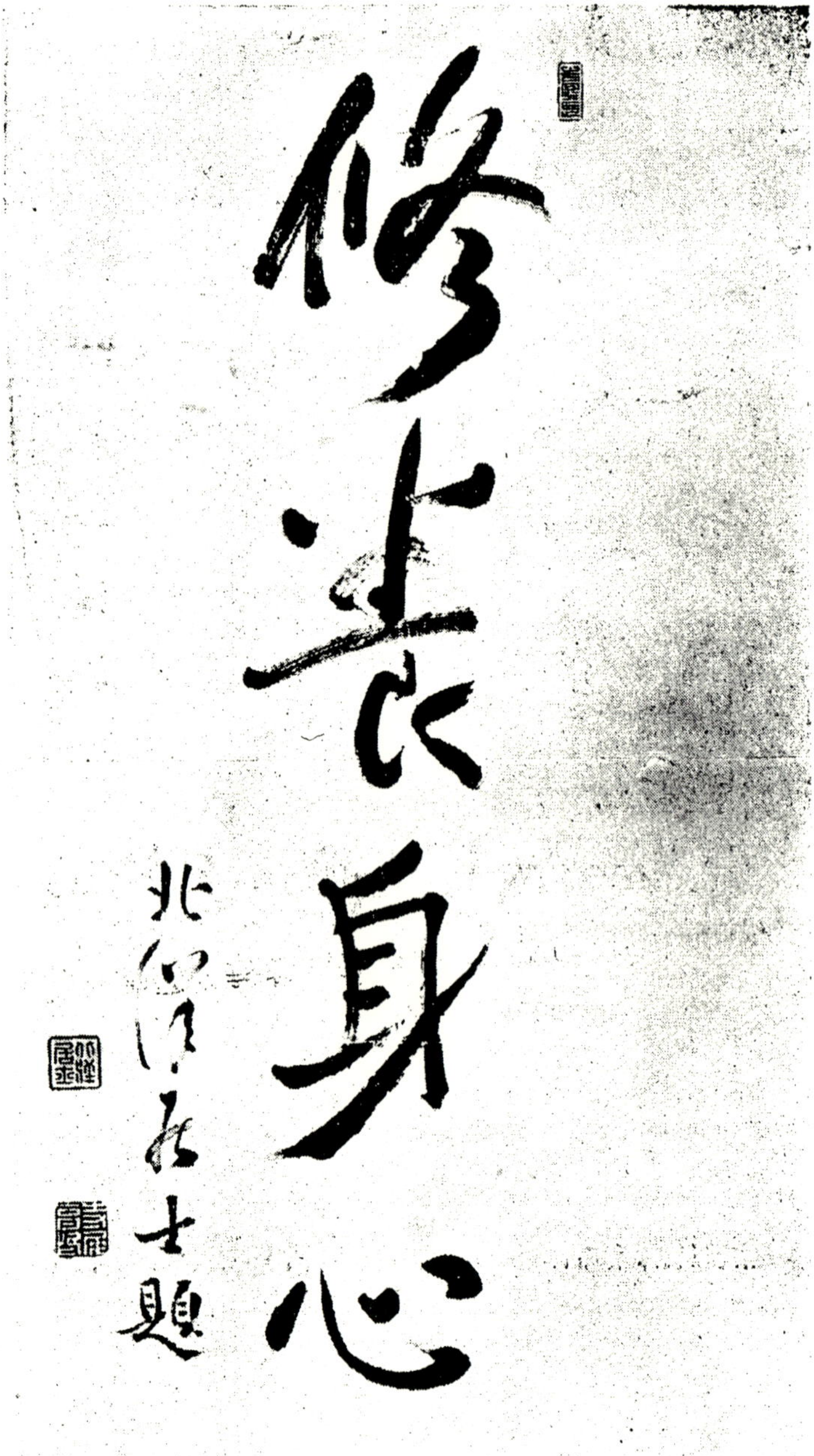

序

少林僧兵の事、顧寧人之を前に論じ、趙雲崧之を後に補ふ。小林寺に唐の太宗の秦王たりし時、少林の僧に賜ひし敎書あり。其辭に曰く、王世充、叨りに非據を竊み、敢て天常に違ふ。法師等並びに能く深く幾變を悟り、早く妙因を識り、彼の兇孽を檎にし、玆に淨土を廓かんとす。聞いて以て欣尙すること、思議すべからず。今東都危急、旦夕に殄除せんとす。並びに宜しく終を勉め、功を茂人にし、以て令範を垂ると。

東都は王世充の簒ひて據るところ也。是役秦王遂に世充を降す。寺僧の力を致し功を立つる者十三人、裴漼の小林寺碑に稱する所の志操、惠瑒、曇宗等なり。曇宗大將軍となる。餘は官を受けず。地四十頃を賜ふ。これ小林僧兵の起る所なり。

小林寺以外、五臺山の僧眞寶、宋の靖康の時、欽宗の爲めに金を拒いで死するあり。盧山の僧、南唐の時、曹彬等の江を渡るを拒ぐあり。黑衣の徒の白刃の間に立つ者、時にこれ無きにあらずと雖、唐より宋元明淸に至つて、永く威名を傳ふる者は、たゞ小林寺のみ。明の嘉靖中、吾邦の浪士の松江に寇するや、都督萬表の檄を受けて、小林の僧月空等三十餘人、みづから部伍を爲し鐵杖を揮つて惡鬪して死す。淸の光緒中、義和團の起るや、或は目するに拳匪を以てす。蓋し其中拳勇の徒多きを以てなり。拳の法は少林を宗とす。それたゞ是の如し。是を以て小林寺はもと禪宗發芽の地なりと雖、後かへつて拳法流布の源たり。

明以後の小説雜著、少林拳法の奇偉を説く者頗る多し。或は曰く、一指の彈ずるや、卽ち人を殺すと。或は曰く、集拳の打つや、忽ち中倒すと。謝在杭も亦記す、少林の拳法は天下の無きところ、其僧の遊方する者、皆能く數十人に敵すと。未だ必ずしも誇張の言と爲す可からざる也。

嘉慶間の人青城子の漫筆を讀むに、中に少林寺の事を記す。曰く、凡そ武藝を習ふ者、初めて寺に入れば、之を引いて一室に至らしむ。謂はゆる拳勇の法は具に壁間畫くところの神像中にあり。法に依りて之を習へば、自然に迴に時輩に出づ。又一室あり、內盡く是木雕の神像にして、各機關あり。若し辭し歸らんと欲すれば、則ち身に白袗一件を服し、諸神像の手足、盡く塗るに黑煤を以てし、機關を發動し、諸神と鬪ふこと、良や久しくして、身に黒痕無ければ、方に歸るを許す。否なれば則ち再び學習するを須つ。技の精ならずして、少林寺の名を壞すを恐るゝ也。最も下乘なる者は之をして火を焼き水を運ばしむ。火を焼く者は鐵叉重さ數十斤、日々に柴を入て竈に入る。初は双手を用ゐて叉を擧ぐ。之を習ふ既に久しければ、一手に運動し、事とする所無きが如し、而して臂已に十斤の力あり。水を運ぶ者は、肩に鐵水桶を挑げ、足は石壁の僅に足趾を容るゝを躡み、左右の手を以て攀檢して上る。之を久しくして、猱の木に昇るが如くなり。三年の後、力萬夫に敵す。乃ち再び敎ふるに格闘の諸法を以てし、試みて可なりと曰へば、方に歸るを許すと。噫ゝ敎ふるや嚴、學ぶや苦、實に少林拳法の名の隋介せざる所以なり。

予又かつて群籍を渉獵するの因に、少林寺に易筋經あるを知つて、之を一閲せんと欲す。而も索めて得る能はず。蓋し吾邦稀覯の書なり。吉田子此を彼土に得るに及んで、遂に寓目するを得たり。讀後私に謂ふ、此も亦猶李筌の陰符經、張商英の素書の如き也。其の果して古に出づるか、又果して西竺に出づるか、予得て之を知らざる也。其の或は宋に出づるか、又或は明に出づるか、予得て之を知らざる也。たゞ說く所、道家の意を有し、宋家の言を帯び、而して陰道の術を挿み、又間ゝ攙入の跡あるは、得て知る可き也。附するところの洗髓經に至つては麈尾を揮ひ、如意鉤を拈る者の常說、多く奇とすべき無し。然りと雖、炁を煉り身を鍛ふの道に於ては、他家の諸書の未だ載せざる所を具す。これ唯易筋經に於て之を知る可く、而して少林所傳の道、亦唯此に就て之を窺ふべき也と。
吉田子其傳を廣くせんと欲して譯刊し序を索む。乃ち思ふ所を書して序に代ふ。

露伴學人識

自序

予《よ》少時《せうじ》より佛《ぶつ》に參《さん》じて野狐禪《やこぜん》の域《ゐき》を脱《だつ》せず。志《こゝろざし》を支那《しな》研究《けんきう》に立《た》て丶多年《たねん》、未《いま》だ一物《もつ》も邦家《はうか》に貢献《こうけん》する能《あた》はず。而《しか》も之《これ》を熄《や》めず。知友《ちいう》目《もく》して病《やまひ》と呼《よ》ぶ。

先歳《せんさい》支那《しな》に再遊《さいいう》せんとするや、先覺郡司大尉成忠氏《せんかくぐんじたいゐなりたゞし》予《よ》に告《つ》ぐるに支那《しな》に一大奇書《だいきしよ》あり。易筋經《えききんきやう》と稱《しよう》す。傳說《でんせつ》には岳飛將軍《がくひしやうぐん》之《これ》を修《をさ》めて強《つよ》く、又北清事變《またほくしんじへん》の頭目《とうもく》之《これ》を學《まな》びて強《つよ》かりしと。實弟《じつてい》幸田露伴《かうだろはん》此書《このしよ》を需《もと》めんと欲《ほつ》して未《いま》だ得《え》ず。思《おも》ふに支那《しな》河南省《かなんしやう》小《せう》林寺《りんじ》に赴《おもむ》かば寫本《しやほん》あるべし。君《きみ》乞《こ》ふ之《これ》を携《たづさ》へて來《きた》れと。予《よ》は到《たう》底《てい》不《ふ》可《か》能《のう》なる旨《むね》を答《こた》へて發航《はつかう》す。同船中《どうせんちう》支那《しな》人《じん》金興祥《しやこうしやう》なる人《なと》あり。邦語《はうご》を解《かい》し、且文學《かつぶんがく》の造詣《ざうけい》深《ふか》し日夜《にちや》交談《かうだん》す。談偶《だんたま》〻易筋經《えききんきやう》に及《およ》ぶ。金君驚《しやくんおどろ》いて曰《いは》く其書《そのしよ》は珍籍《ちんせき》なり。華人《くわじん》の碩學者《せきがくしや》と雖《いへど》も其書名《そのしよめい》を識《し》るものなし。故《ゆゑ》に容易《ようい》に購《あがな》ひ得《え》ざるなり。然《しか》れども貴囑《きぞく》に應《おう》じて、漁《あさ》り求《もと》めんと約《やく》す。予《よ》着滬《ちやくこ》して滯在數月《たいざいすうげつ》、一日《じつ》客《きやく》あり刺《し》を通《つう》ず。卽《すなは》ち前《まへ》の金君《しやくん》なり。曾《かつ》て約《やく》したる易筋經《えききんきやう》一部《ぶ》漸《やうや》くにして知人《ちじん》の許《もと》にあり。君借覽《きみしやくらん》せよと。其態度《そのたいど》の敬崇《けいすう》なる恰《あだか》も邦人《はうじん》が傳家《でんか》の寶刀《はうたう》を拜觀《はいくわん》せしむるに似《に》たり。予亦鞠躬如《よまたきくきうじよ》として之《これ》を借受《しやくじゆ》せり。讀過《どくくわ》一番頗《ばんすこぶ》る珍籍《ちんせき》なるを覺《おぼ》ゆ。直《たゞ》ちに寫書《しやしよ》して露伴先生《ろはんせんせい》に郵送《いうそう》す。再讀《さいどく》三讀《どく》するに隨《したが》ひ、所謂《いはゆる》不立文字《ふりつもじ》なるを識《し》る。蓋《けだ》し坐禪《ざぜん》の素養《そやう》ある者《もの》に非《あ》らざれば其意味《そのいみ》は徹底《てってい》すること能《あた》はざる可《べ》し。乃《すなは》ち金氏《しやし》に乞《こ》ひて漸《やうや》く所藏《しよざう》する所《ところ》を讓渡《じやうと》せしめたるを以《もつ》て、茲《ここ》に譯述《やくじゆつ》し、同好篤學《どうかうとくがく》の士《し》と共《とも》に研究修練《けんきうしうれん》して、其深遠微妙《そのしんゑんびめう》の哲理《てつり》に到達《たうたつ》せんことを希望《きばう》す。而《しか》して其要《そのえう》領《りやう》を摘《つま》み得《え》ることは、修《しう》する人《ひと》の機根《きこん》に因《よ》る可《べ》し。時運《じうん》の前途《ぜんと》波瀾重疊《はらんちようでふ》の秋《とき》に際《さい》し、本書《ほんしよ》に因《よ》りて強健無比《きやうけんむひ》の心身《しんしん》を練達《れんたつ》し以《もつ》て衆凡《しゆうぼん》に超越《てうゑつ》するは實《じつ》に緊要中《きんえうちう》の緊要《きんえう》なり。

終《をはり》に一言《げん》を附《ふ》す、本書《ほんしよ》を譯述刊行《やくじゆつかんかう》するに際《さい》し知友鷗公酒卷君《ちいうおうこうさかまきくん》が多大《ただい》の援助《えんじよ》を與《あた》へられしことを茲《こゝ》に感謝《かんしや》す。

逸外居士　吉田正平　謹記

霊肉修養 神通自在

目次

目次

目次終

靈肉修養

神通自在序論

宇宙《うちう》は不可解《ふかかい》なり。不可思議《ふかしぎ》なり。何人《なにびと》も其《その》深奥《しんわう》を窺《うかゞ》ひ知《し》るものあるなし。其《その》廣大無邊《くわうだいむへん》なる到底《たうてい》吾人《ごじん》の智識《ちしき》の及《およ》ぶ所《ところ》にあらず。其《その》細微《さいび》なる亦《また》吾人《ごじん》の智識《ちしき》の到底《たうてい》及《およ》ばざる所《ところ》なり。其《その》過去《くわこ》の悠久《いうきう》なる、其《その》未來《みらい》の遼遠《れうゑん》なる、亦皆《またみな》吾人《ごじん》の智識《ちしき》の範圍外《はんゐぐわい》たり。吾人《ごじん》の智識《ちしき》は唯《たゞ》吾人《ごじん》の感覺《かんかく》に感《かん》じ得《う》べきものに止《とゞま》る。

肉眼《にくがん》を以《もつ》ては見《み》ること能《あた》はざる最小《さいせう》の黴菌《ばいきん》も強力《きやうりよく》の顯微鏡《けんびきやう》を用《もち》ひば以《もつ》て之《これ》を見《み》るべし。然《しか》れども顯微鏡《けんびきやう》の力《ちから》の及《およ》ばざる微細物《びさいぶつ》は遂《つひ》に見《み》るべからず。望遠鏡《ばうゑんきやう》の力《ちから》に依《よ》らば大遠距離《だいゑんきより》の日月星辰《じつげつせいしん》及小天體《およびせうてんたい》も亦見《またみ》るを得《え》べし。然《しか》れども望遠鏡《ばうゑんきやう》の力《ちから》の及《およ》ばざる遠《ゑん》距離《きより》の星辰《せいしん》及小天體《およびせうてんたい》は遂《つひ》に見《み》るべからず。口碑傳說《こうひでんせつ》及歷史《およびれきし》に依《よ》りて吾人《ごじん》は過去《くわこ》を知《し》ると雖《いへど》も、口碑傳說《こうひでんせつ》及歷史《およびれきし》以外《いぐわい》の過去《くわこ》は之《これ》を知《し》るに由《よし》なし。吾人《ごじん》は過去及現在《くわこおよびげんざい》に依《よ》りて或程度《あるていど》まで將來《しやうらい》を推測《すゐそく》し得《う》べしと雖《いへど》も、永劫《えいがふ》の未來《みらい》は遂《つひ》に豫想《よさう》し能《あた》はざるべし。

現在《げんざい》に於《おい》て吾人《ごじん》の知《し》り得《え》たる最微至細《さいびしさい》のものは電子《でんし》なるべし。電子《でんし》が自轉《じてん》する一の光體《くわうたい》にして、其周圍《そのしゆうゐ》に二十七八乃至《ないし》三十個《こ》の小球《せうきう》を附隨《ふずゐ》し、附隨《ふずゐ》する小球《せうきう》が快速力《くわいそくりよく》を以《もつ》て光體《くわたい》の周圍《しゆうゐ》を回轉《くわいてん》するは、恰《あたか》も太陽《たいやう》が自轉《じてん》すると同時《どうじ》に、其周圍《そのしゆうゐ》に數多《すうた》の衞星《えいせい》を附隨《ふずゐ》し、此等《これら》の衞星《えいせい》をして自己《じこ》を中心《ちうしん》として回轉《くわいてん》せしむるが如《ごと》し。則《すなは》ち電子《でんし》は或意味《あるいみ》に於《おい》て太陽《たいやう》と同《おな》じく一の小天體《せうてんたい》なりと稱《しやう》するを得《う》べし。

電子《でんし》の相集《あひあつ》まりたるものは元子《げんし》となり、元子《げんし》の相集《あひあつま》りたるものは分子《ぶんし》となり、分子《ぶんし》の相集《あひあつま》りたるものは細胞《さいはう》となり、細胞《さいはう》の相集《あいあつ》まりたるものは血球《けつきう》の如《ごと》き、筋肉《きんにく》の如《ごと》き、其他《そのた》一切《さい》の物體《ぶつたい》を組織《そしき》す。人體《じんたい》は更《さら》なり、動物《どうぶつ》も、植物《しよくぶつ》も、鑛物《くわうぶつ》も、有機《いうき》も、無機《むき》も、總《すべ》て此細胞《このさいはう》の集團《しふだん》なり。更《さら》に又地《またち》球《きう》も、太陽《たいやう》も、其他《そのた》の天體《てんたい》も、皆此《みなこ》の細胞《さいはう》の集團《しふだん》なり。

此《こ》の關係《くわんけい》を推《お》し進《すゝ》むる時《とき》は、我太陽系《わがたいやうけい》は電子《でんし》にして、他《た》の幾《いく》多《た》の太陽系《たいやうけい》と共《とも》に一の元子《げんし》を構成《こうせい》し、分子《ぶんし》を構成《こうせい》し、細胞《さいはう》を構《こう》成《せい》し、遂《つひ》に一箇《こ》の物體《ぶつたい》を構成《こうせい》せるものと謂《い》はざるべからず。其《その》物體《ぶつたい》が人類《じんるゐ》の如《ごと》きものなるか、他《た》の動物《どうぶつ》の如《ごと》きものなるか、將《はた》植物《しよくぶつ》の如《ごと》きものなるか、乃至《ないし》吾人《ごじん》の未《いま》だ曾《かつ》て見《み》たることなき一種異樣《しゆいやう》の物體《ぶつたい》なるかは、吾人《ごじん》の推測力及想像力《すゐそくりよくおよびさうぞうりよく》の及《およ》ばざる所《ところ》なりと雖《いへど》も、何等《なんら》かの物體《ぶつたい》を構成《こうせい》せるものなりと想像《さうぞう》し得《う》べし。

斯《かく》の如《ごと》き想像《さうぞう》を根據《こんきよ》として推論《すゐろん》する時《とき》は、我太陽系《わがたいやうけい》は他《た》の太《たい》陽系《やうけい》と共《とも》に血球《けつきう》が人體《じんたい》の脈管内《みやくくわんない》を環流《くわんりう》する如《ごと》く、大宇宙《だいうちう》の脈管《みやくくわん》内《ない》を全速力《ぜんそくりよく》を以《もつ》て流過《りうくわ》しつゝありと思《おも》はざるを得《え》ず。北斗星《ほくとせい》も、大熊星《たいいうせい》も、銀河《ぎんが》も亦《また》我《わが》太陽系《たいやうけい》と共《とも》にこの脈管内《みやくくわんない》を流過《りうくわ》しつゝありと謂《い》はざるべからず。

次《つぎ》に論《ろん》ずべきは、電子《でんし》が光《ひかり》と熱《ねつ》とを有《いう》するは其光《そのひかり》と熱《ねつ》とを作《つく》るべき原料《げんれう》を他《た》より攝取《せつしゆ》するが爲《ため》なりといふこと是《これ》なり。人類《じんるゐ》や動物《どうぶつ》に於《おい》ては、彼等《かれら》が他《た》の物體《ぶつたい》を食《くら》ふことに依《よ》りて一種《しゆ》の燃《ねん》料《れう》を電子《でんし》に供給《きようきう》す。太陽《たいやう》も、地球《ちきう》も、火星《くわせい》も、金星《きんせい》も、乃至《ないし》他《た》の太陽系《たいやうけい》の星辰《せいしん》も、宇宙《うちう》といふ一種《しゆ》偉大《ゐだい》の物體《ぶつたい》が他《た》の物體《ぶつたい》を食《くら》ふことに依《よ》りて其燃料《そのねんれう》を供給《きようきふ》せらるゝなり。

地球上《ちきうじやう》の動物《どうぶつ》が口《くち》より其食物《そのしよくもつ》を取《と》り、植物《しよくぶつ》が根《ね》より養分《やうぶん》を吸收《きふしう》する如《ごと》く、太陽《たいやう》も、地球《ちきう》も、其他《そのた》の遊星《いうせい》も、恒星《こうせい》も、口《くち》の如《ごと》き、根《ね》の如《ごと》き吸口《すひくち》より燃料《ねんれう》を吸收《きふしう》す。斯《かく》の如《ごと》くして大宇宙《だいうちう》も亦《また》一種《しゆ》の口《くち》より養分《やうぶん》を吸收《きふしう》するなるべし。

人類《じんるゐ》が食物《しよくもつ》に依《よ》りて得《え》たる養分《やうぶん》は葡萄糖《ぶだうかう》の如《ごと》きものとなりて人體《じんたい》を營養《えいやう》す。然《しか》も葡萄糖《ぶだうたう》が終局《しゆうきよく》のものにあらざるは明《あきら》かなり。葡萄糖《ぶだうたう》は幾度《いくたび》かの變化《へんくわ》をなし、て宇宙《うちう》の精氣《せいき》と同《どう》一様《やう》の者《もの》となり、而《しか》して電子《でんし》に燃料《ねんれう》を與《あた》ふるなり。電子《でんし》は其吸口《そのすひくち》より精氣《せいき》を吸收《きふしう》し、以《もつ》て光《ひかり》と熱《ねつ》とを發《はつ》し、之《これ》を元子《げんし》に及《およ》ぼし、分子《ぶんし》に及《およ》ぼし、細胞《さいはう》に及《およ》ぼし、血球《けつきう》に及《およ》ぼし、筋肉《きんにく》に及《およ》ぼす。既《すで》に熱量《ねつちやう》の用《よう》を終《をわ》りたるものは之《これ》を體外《たいぐわい》に排泄《はいせつ》して、他《た》の異性物《いせいぶつ》の燃料《ねんれう》に供《きよう》す。

電子《でんし》の大《だい》なる太陽系《たいやうけい》の諸星《しよせい》も亦其吸口《またそのすひくち》より宇宙《うちう》の精氣《せいき》を吸收《きふしう》して熱料《ねつれう》となす。精氣《せいき》は人類《じんるゐ》が食物《しよくもつ》に依《よ》りて得《え》たるものと同《おな》じく、大宇宙《だいうちう》の個體《こたい》が食物《しよくもつ》の如《ごと》きものに依《よ》りて得《え》たるものなり。此精氣《このせいき》は吾人《ごじん》の眼《め》には人體内《じんたいない》の精氣《せいき》と同《おな》じく見《み》るべからずと雖《いへど》も、空間《くうかん》に遍滿《へんまん》し、太陽及地球《たいやうおよびちきう》の吸飲《きふいん》に任《まか》しつゝあるは確《たし》かなるべし。若し夫《そ》れ然《しか》らざらんか、太陽及地球《たいやうおよびちきう》は何《なに》に依《よ》りてか其《その》熱量《ねつりやう》を維持《ゐじ》して、生存《せいぞん》を繼續《けいぞく》するを得《え》んや。

人或《ひとあるひ》は曰《い》ふ、太陽《たいやう》の光熱《くわうねつ》も、地球《ちきう》の地熱《ちねつ》も、共《とも》に自個獨有《じこどくいう》の光熱《くわうねつ》にして、他《た》より補充《ほじう》さるゝものにあらず。エ子ルギーは不《ふ》滅《めつ》なり。太陽及地球《たいやうおよびちきう》の熱《ねつ》も亦此原理《またこのげんり》に由《よ》ると。然《しか》り、エ子ルギーは不滅《ふめつ》なり。然《しか》れども其《そ》は變化《へんくわ》を免《まぬか》れざるべし。變化《へんくわ》は刹那《せつな》にして永久《えいきう》に繼續《けいぞく》すべし。石炭《せきたん》の燃燒《ねんせう》より來《きた》るエ子ルギーが電《でん》車《しや》を動《うご》かし、電燈《でんとう》を輝《かゞや》かし、汽車《きしや》、汽船《きせん》を運轉《うんてん》すと雖《いへど》も、速《すみや》かに變化《へんくわ》して、永《なが》く其動力《そのどうりよく》たること能《あた》はざるなり。故《ゆゑ》に電氣及《でんきおよ》び蒸汽《じやうき》のエ子ルギーを維持《ゐじ》せんと欲《ほつ》せば、石炭《せきたん》を補充《ほじう》せざるべからず。人體《じんたい》の如《ごと》き、他《た》の動物《どうぶつ》の如《ごと》き、植物《しよくぶつ》の如《ごと》き、總《すべ》て此理《このり》に外《ほか》ならず。太陽《たいやう》及《および》地球《ちきう》のみ豈《あに》獨《ひと》り此理《このり》に合《あ》はざることあらんや。斯《か》くて吾人《ごじん》は左《さ》の結論《けつろん》に達《たつ》し得《う》べし。

電子《でんし》は小太陽系《せうたいやうけい》なり。精氣《せいき》を吸收《きふしう》して以《もつ》て熱料《ねつれう》を補充《ほじう》し、生存《せいぞん》を繼續《けいぞく》す。元子《げんし》も、分子《ぶんし》も、細胞《さいはう》も、血球《けつきう》も、筋肉《きんにく》も、人體《じんたい》も、乃至《ないし》他《た》の動植物《どうしよくぶつ》も、鑛物《くわうぶつ》も、亦《また》精氣《せいき》を吸收《きふしう》して以《もつ》て生存《せいぞん》を繼續《けいぞく》す。地球《ちきう》も、太陽《たいやう》も、他《た》の太陽系《たいやうけい》の諸星《しよせい》も、亦《また》電子《でんし》の集成《しふせい》したるものにして、精氣《せいき》を吸收《きふしう》して熱料《ねつれう》を補充《ほじふ》し、以《もつ》て生存《せいぞん》を繼續《けいぞく》す。更《さら》に諸太陽系《しよたいやうけい》の集成《しふせい》せる大宇宙《だいうちう》なる個體《こたい》も亦《また》精氣《せいき》を吸收《きふしう》して、熱料《ねつれう》を補充《ほじう》し、以《もつ》て生存《せいぞん》を繼續《けいぞく》す。

人類《じんるゐ》其他《そのた》動植物《どうしよくぶつ》に生滅《しやうめつ》あるが如《ごと》く、太陽系《たいやうけい》の諸星《しよせい》にも、乃至《ないし》大宇宙《だいうちう》の個體《こたい》にも生滅《しやうめつ》あり。生滅《しやうめつ》は變化《へんくわ》なり。刹那《せつな》にして恒久《こうきう》なり。人類《じんるゐ》や、動植物《どうしよくぶつ》の生老病死《せいろうびやうし》が吾人《ごじん》の直接眼界《ちよくせつがんかい》に觸《ふ》れざるが如《ごと》く、電子《でんし》より大宇宙《だいうちう》に至《いた》る一切《さい》の存在物《そんざいぶつ》は時《じ》々、刻《こく》々の變化《へんくわ》を直接《ちよくせつ》吾人《ごじん》の眼《め》に映《えい》ぜしめざるなり。吾人《ごじん》は唯《たゞ》萬象《ばんしよう》が旣《すで》に變化《へんくわ》し了《をは》れる後《のち》始《はじ》めて之《これ》を知《し》るのみ。

吾人《ごじん》は更《さら》に吸收《きふしう》及《および》排泄《はいせつ》を具體的《ぐたいてき》に論《ろん》ぜんに、人類《じんるゐ》其他《そのた》動植物《どうしよくぶつ》の吸收《きふしう》する精氣《せいき》は食物《しよくもつ》より來《きた》り、其《その》食物《しよくもつ》は口《くち》より取《と》り、其《そ》の不《ふ》用物《ようぶつ》は肛門《こうもん》、尿道《ねうだう》、皮膚《ひふ》、根枝《こんし》、枝葉《しえう》より排泄《はいせつ》するは吾人《ごじん》の知《し》る所《ところ》なり。電子《でんし》や、元子《げんし》や、分子《ぶんし》や、細胞《さいはう》や、血球《けつきふ》も、亦吸口《またすひくち》より食物《しよくもつ》を取《と》りて、出門《しつもん》より之《これ》を排泄《はいせつ》す。太陽《たいやう》も、地球《ちきう》も、其《その》他《た》の諸星《しよせい》も亦吸口《またすひくち》より食物《しよくもつ》を取《と》りて、出門《しつもん》より之《これ》を排泄《はいせつ》す。かくて大宇宙《だいうちう》も亦同様《またどうやう》の經路《けいろ》を繰返《くりかへ》すなるべし。

電子《でんし》、分子《ぶんし》、太陽《たいやう》、地球《ちきう》に口《くち》ありやを疑《うたが》ふものあり。然《しか》れども口《くち》なくして如何《いかに》して精氣《せいき》を吸收《きふしう》し得《え》んや。口《くち》は動物《どうぶつ》の口《くち》の如《ごと》きものならずとするも、植物《しよくぶつ》の根《ね》に存《そん》する如《ごと》き吸口《すひくち》なるべし。

電子《でんし》、分子《ぶんし》の吸口《すひくち》は暫《しばら》く措《お》いて論《ろん》ぜず。今太陽及地球《いまたいやうおよびちきう》に就《つ》いて之《これ》を論《ろん》ぜんに、太陽《たいやう》及地球《およびちきう》の吸口《すひくち》は北方《ほくはう》、又《また》は南方《なんぱう》の二方《はう》に於《おい》て之《これ》を觀《み》るべし。太陽《たいやう》が自轉《じてん》しつゝ快速力《くわいそくりよく》を以《もつ》て進行《しんかう》する時《とき》、吸口《すひくち》は四周《しう》に遍在《へんざい》せる宇宙《うちう》の精氣《せいき》を吸收《きふしう》すべし。之《これ》と同《おな》じく地《ち》球《きう》も亦快速力《またくわいそくりよく》を以《もつ》て自轉《じてん》しつゝ、太陽《たいやう》の周圍《しうゐ》を運行《うんかう》する時《とき》、其《その》吸口《すひくち》より宇宙《うちう》の精氣《せいき》を吸收《きふしう》す。而《しか》して其吸口《そのすひくち》は磁極《じきよく》なるべし。

吾人《ごじん》は地球《ちきう》の吸口《すひくち》が磁極《じきよく》なるべしとの假説《かせつ》を證明《しようめい》する前《まへ》に、宇宙《うちう》の精氣《せいき》は如何《いか》なるものなりやを研究《けんきう》する必要《ひつえう》あり。今茲《いまこゝ》に貧血《ひんけつ》に苦《くるし》む人《ひと》ありとせん。之《これ》を治療《ちれう》して元氣《げんき》を回復《くわいふく》せしめんが爲《ため》に醫《い》師《し》は必《かなら》ず鐵《てつ》劑《ざい》を用《もち》ふるを常《つね》とす。林檎《りんご》鐵《てつ》丁幾《ちんき》可《か》なり。拘櫞《くえん》酸《さん》鐵《てつ》規尼涅《きにねい》可《か》なり。還元《くわんげん》鐵《てつ》規那《きな》皮末《ひまつ》可《か》なり。炭酸《たんさん》鐵《てつ》可《か》なり。過滿《かまん》俺《がん》鐵《てつ》百布頓《ぺぶとん》可《か》なり。規那《きな》鐵《てつ》葡萄《ぶだう》可《か》なり。凡《およ》そ鐵《てつ》劑《ざい》に依《よ》りて而《しかし》て貧《ひん》血《けつ》患者《くわんじや》を治療《ちれう》せざるものあるなし。鐵劑《てつざい》を用《もち》ふること三月《つき》乃至《ないし》半《はん》歳《とし》に及《およ》ぶ時《とき》は、蒼白《さうはく》なる顔色《がんしよく》は赭黑《しやこく》を呈《てい》し、脆弱變《ぜいじやくへん》じて健強《けんきやう》たるべし。更《さら》に鐵劑《てつざい》を禽獸《きんじう》其他《そのた》の動植物《どうしよくぶつ》に適用《てきよう》するに、病《や》めるを療《れう》し、弱《よは》めるを強《つよ》くすること人《ひと》に於《お》けるが如《ごと》し。然《しか》らば卽《すなは》ち血球《けつきう》乃至《ないし》細胞《さいはう》を養《やしな》ふものは鐵分《てつぶん》なり。否《いな》血球《けつきう》乃至《ないし》細胞《さいはう》の根原《こんげん》たる電子《でんし》を養《やしな》ふものは鐵分《てつぶん》なりと謂《い》はざるべからず。是《これ》に由《よつ》て之《これ》を觀《み》れば電子《でんし》及其以上《およびそれいじやう》を營養《えいやう》する精氣《せいき》と鐵分《てつぶん》との間《あひだ》に密《みつ》接《せつ》の關係《くわんけい》あるを思《おも》はしむ。

太陽《たいやう》や、地球《ちきう》の吸收《きふしう》する宇宙《うちう》の精氣《せいき》も亦電子《またでんし》の吸收《きふしう》する精氣《せいき》と同《おな》じく、鐵《てつ》と密接《みつせつ》の關係《くわんけい》あるべし。太陽《たいやう》や、遊星《いうせい》や、恒星《こうせい》の光《ひかり》を三菱玻璃《プリズム》によりて分析《ぶんせき》する時《とき》は諸種《しよしゆ》の光線《くわうせん》を見出《みいだ》すべしと雖《いへど》も、鐵及《てつおよび》ヘリユームの光線《くわうせん》は其大部分《そのだいぶぶん》を占《しむ》むべし。而《しか》して鐵《てつ》とヘリユームの根原《こんげん》は同《どう》一なりとの説《せつ》あり。更《さら》に各種《かくしゆ》の鑛物《くわうぶつ》の混合溶液《こんごふようえき》の光線《くわうせん》は最《もつと》も鐵《てつ》の光線《くわうせん》に類似《るゐじ》す。更《さら》に又地球《またちきう》に落下《らくか》し來《きた》る隕石《いんせき》は殆《ほとん》ど全部鐵分《ぜんぶてつぶん》なり。加之地球《しかのみならずちきう》の全重量《ぜんぢゆうりやう》の九割《わり》は鐵分《てつぶん》なりとの推定《すゐてい》あり。是《これ》に由《よ》りて之《これ》を觀《み》れば各種《かくしゆ》の太陽系《たいやうけい》の諸星《しよせい》より動植物《どうしよくぶつ》內《ない》の諸分子《しよぶんし》、諸元子《しよげんし》、諸電子《しよでんし》に至《いた》るまで其成分《そのせいぶん》の大《だい》部分《ぶぶん》は鐵《てつ》なりと謂《い》ふを得《う》べし。之《これ》を推論《すゐろん》する時《とき》は太陽《たいやう》や、地球《ちきう》や、元子《げんし》や、電子《でんし》の吸收《きふしう》する精氣《せいき》は鐵分《てつぶん》なりと謂《い》ふを得《う》べし。此假說《このかせつ》より推論《すゐろん》する時《とき》は宇宙《うちう》の精氣《せいき》は鐵《てつ》の如《ごと》き原體《げんたい》にして、幾《いく》百幾《いく》千幾《いく》萬度《たび》の變化《へんくわ》を經《へ》て電子《でんし》たる境遇《きやうぐう》に達《たつ》せしものなるべし。かくて宇宙《うちう》の森羅萬象《しんらばんしやう》は此根本原體《このこんぽんげんたい》の變化《へんくわ》に外《ほか》ならざるなり。故《ゆゑ》に科學《くわがく》が一層《そう》進步《しんぽ》せば金銀銅鐵《きんぎんどうてつ》其《そ》の他《た》の鑛物《くわうぶつ》を鐵《てつ》に還元《くわんげん》し得《う》べく、之《これ》と反對《はんたい》に鐵《てつ》より金銀《きんぎん》其《そ》の他《た》の金屬《きんぞく》及《および》寶石類《ほうせきるゐ》をも製《せい》出《しつ》するを得《う》べし。

此原體《このげんたい》が大宇宙《だいうちう》の個體《こたい》の咽下《のみくだ》したる食物《しよくもつ》によりて大宇宙《だいうちう》の體《たい》内《ない》に遍滿《へうまん》する時《とき》、太陽《たいやう》及《および》遊星《いうせい》が之《これ》を攝取《せつしゆ》するの狀《さま》如何《いかん》。太陽《たいやう》が南北《なんぼく》の吸口《すひくち》より之《これ》を吸收《きふしう》するならんとの假說《かせつ》は今《いま》旣《すで》に之《これ》を論《ろん》じたり。地球《ちきう》も亦《また》南北《なんぼく》の吸口《すひくち》より之《これ》を吸收《きふしう》して其《その》熱量《ねつりやう》を保持《ほじ》繼續《けいぞく》すべし。南北《なんぼく》の吸口《すひくち》とは吾人《ごじん》の所謂《いはゆる》磁極《じきよく》なり。磁鐵《じてつ》が總《すべ》て南北《なんぼく》を指《さ》すは磁極《じきよく》が之《これ》を吸收《きふしう》するの故《ゆゑ》なり。磁鐵《じてつ》が鐵《てつ》及《および》其《その》他《た》の金屬《きんぞく》を吸引《きふいん》するは之《これ》を磁極《じきよく》に引《ひ》かんとするが爲《ため》なるに外《ほか》ならず。地《ち》球《きう》の磁極《じきよく》は啻《たゞ》に地球上《ちきうじやう》の鐵《てつ》及《および》諸金屬《しよきんぞく》を引《ひ》くのみならず、有《あら》ゆる諸《しよ》天體《てんたい》を吸引《きふいん》するなり。

秋夜《しうや》仰《あふ》いで天象《てんしやう》を觀《み》る時、吾人《ごじん》は幾《いく》百千億《おく》の流星《りうせい》が煙火《はなび》の如《ごと》く地球《ちきう》に向《むか》ひて落下《らくか》するを觀《み》るべし。此等《これら》の小《せう》なる諸天體《しよてんたい》は其《その》浮游《ふゆう》する際《さい》、地球《ちきう》の引力《いんりよく》に引《ひ》かれて落下《らくか》し來《きた》るものにして、彼等《かれら》が地球《ちきう》に到達《たふたつ》する時《とき》、地球《ちきう》の自轉《じてん》のため、直角《ちよつかく》に地球《ちきう》の表面《へうめん》に落下《らくか》せずして、種々の角度《かくど》をなして、地球《ちきう》を圍繞《ゐきやう》する空氣中《くうきちう》を加速度《かそくど》を以《もつ》て駛走《しそう》して落下《らくか》し來《きた》る。而《しかし》て此等《これら》の小天體《せうてんたい》と空氣《くうき》との摩擦《まさつ》に由《よ》りて起《おこ》る熱度《ねつど》は五十米《めいとる》を增《ま》す毎《ごと》に華氏《くわし》の一度《ど》の熱《ねつ》を加《くわ》ふるが故《ゆゑ》に、其《そ》の地球上《ちきうじやう》に落下《らくか》し來《きた》る時《とき》は五百萬度《ど》の熱《ねつ》を生《しやう》ずべし。故《かゑ》に頗《すこぶ》る大《だい》なる天體《てんたい》にあらざる以上《いじやう》は空氣中《くうきちう》に鎔解《ようかい》し、蒸汽《じやうき》となりて飛散《ひさん》し去るが故《ゆゑ》に、地上《ちじやう》に落下《らくか》する殞石《いんせき》は古《こ》來《らい》其數《そのすう》甚《はなは》だ稀《まれ》なり。かくて其蒸汽《そのじやうき》となりて飛散《ひさん》し去《さ》りたる鑛物《くわうぶつ》は如何《いか》に成《な》り行《ゆ》きしや。是吾人《これごじん》の假說《かせつ》に最《もつと》も重要《ぢゆうえう》なる證據《しようこ》を提《てい》供《きよう》する一例《れい》なり。

年々《ねん〳〵》歲々《さい〳〵》、連日《れんじつ》連夜《れんや》、地球《ちきう》に向《む》ひて落下《らくか》し來《きた》る諸天體《しよてんたい》の數《すう》は頗《すこぶ》る多《おほ》く、之《これ》を積算《せきさん》する時《とき》は、一年間《ねんかん》に落下《らくか》する諸天體《しよてんたい》の量《りやう》は地球《ちきう》の量《りやう》の比敵《ひつてき》以上《いじやう》なるべし。然《しか》も地球《ちきう》の重量《ぢうりやう》が依然《いぜん》として原《げん》量《りやう》を維持《ゐじ》し、決《けつ》して增加《さうか》したることなきは何《なん》ぞや。是落下《これらくか》し來《きた》りたる諸《しよ》天《てん》體《たい》は空《くう》氣《き》の摩《ま》擦《さつ》に依《よ》り氣《き》體《たい》に化《くわ》するや否《いな》や、地《ち》球《きう》の吸《すひ》口《くち》卽《すなは》ち磁《じ》極《きよく》に吸《きふ》引《いん》せられ、地《ち》球《きう》の體《たい》內《ない》に入《い》りて熱《ねつ》料《れう》となりしが故《ゆゑ》なり。此等《これら》の諸《しよ》天《てん》體《たい》が地《ち》球《きう》に食《しよく》さるゝ外《ほか》、吾《ご》人《じん》の眼《め》に見《み》えざる幾《いく》千萬億量《おくりやう》の精《せい》氣《き》は日々《ひゞ》地《ち》球《きう》に吸《きふ》引《いん》され、而《しかし》て食《く》ひ盡《つく》さるるなり。かく食《く》ひ盡《つく》されて熱《ねつ》料《れう》となり、而《しかし》て後《のち》不《ふ》用《よう》物《ぶつ》となりし精《せい》氣《き》の變《へん》成《せい》物《ぶつ》は地《ち》球《きう》の出《しつ》門《もん》より飛《ひ》散《さん》し、天《てん》外《ぐわい》遙《はるか》に逸《いつ》走《そう》し、以《もつ》て他《た》の天《てん》體《たい》の食《しよく》物《もつ》となるべし。乃《ない》至《し》大《だい》宇《う》宙《ちう》の個《こ》體《たい》の肛《こう》門《もん》より出《い》でて他《た》の大《だい》宇《う》宙《ちう》の食《しよく》物《もつ》となるべし。

精《せい》氣《き》の集《しう》成《せい》なる小《せう》天《てん》體《たい》が空《くう》間《かん》に浮《ふ》游《いう》し、遂《つひ》に太《たい》陽《やう》や、地《ち》球《きう》や、其他《そのた》の諸星《しよせい》に吸引《きふいん》されて食《く》ひ盡《つく》さるゝの狀《さま》は、諸種《しよしゆ》の黴菌《ばいきん》が人《じん》體中《たいちう》に入《い》り、白血球《はくけつきう》の爲《ため》に食《く》ひ盡《つく》さるゝと同一《どう》なり。此等《これら》の諸《しよ》小天體《せうてんたい》は畢竟《ひつきやう》宇宙《うちう》の黴菌《ばいきん》なるのみ。

地球《ちきう》の吸口《すひくち》が磁極《じきよく》なりとの假說《かせつ》が正當《せいたう》なりとせば、其出門《そのしつもん》は何《いづ》れに當《あた》るや。吾人《ごじん》は火山《くわざん》の如《ごと》きも其出門《そのしつもん》の一たるべしと思《おも》ふと雖《いへど》も、大出門《だいしつもん》は赤道《せきだう》一帶《たい》の或《あ》る圈內《けんない》なりと思惟《しゐ》す。火山《くわざん》が硫《りう》化水素《くわすゐそ》の如《ごと》き毒烟《どくえん》を噴出《ふんしゆつ》するは假定說《かていせつ》に對《たい》する一證據《しようこ》なり。赤《せき》道直下《だうちよくか》より吹《ふ》き起《おこ》る颱風《たいよう》が人畜草木《じんちくさうもく》に害《がい》あるは第二《だい》の證據《しようこ》なり。低氣壓《ていきあつ》を以《もつ》て單《たん》に氣溫《きをん》の關係《くわんけい》より生《しよう》ずるものなりとなすは、未《いま》だ十分《ぶん》に吾《ご》人《じん》の納得《なつとく》し能《あた》はざる所《ところ》なり。低氣壓《ていきあつ》の襲來《しふらい》する時《とき》、疾《しつ》病《ぺい》に苦《くるし》む者《もの》は容體《ようだい》重《おも》かるべく、折骨《せつこつ》、打身《うちみ》、梅毒《ばいどく》、痳病《りんびやう》、腫物《はれもの》、腸胃《ちやうゐ》、頭痛《づつう》等《とう》の持病《じびやう》及《および》舊病《きうびやう》は猛然《まうぜん》其勢《そのいきほひ》を回復《くわいふく》し來《きた》るべし。是豈《これあ》

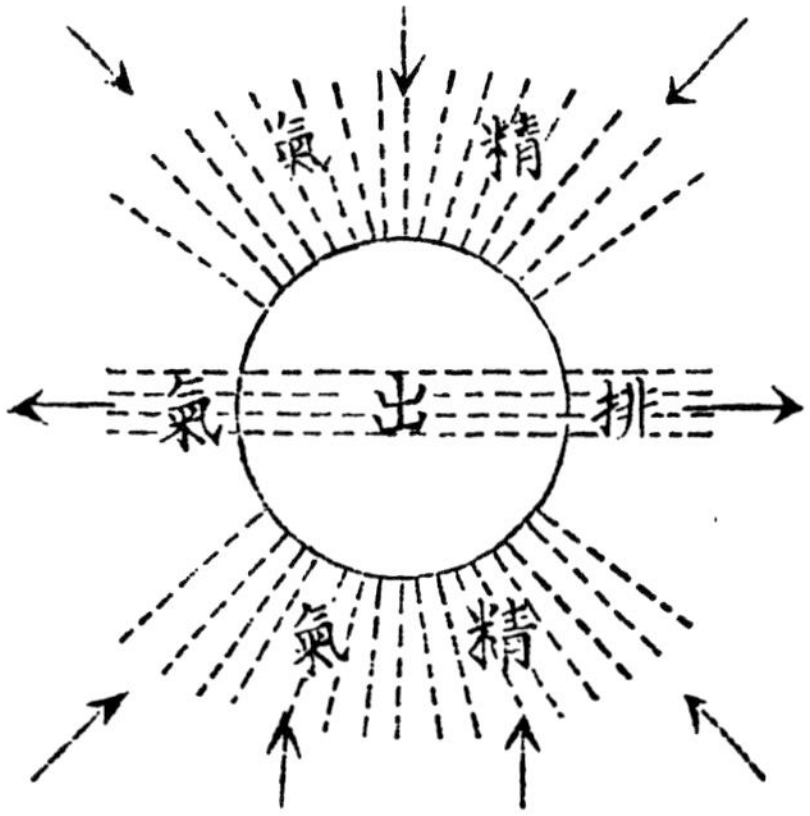

大陽地球其他諸星の精氣吸收及排泄の假說圖

に獨《ひと》り氣壓《きあつ》の關係《くわんけい》のみならんや。地《ち》球《きう》の排泄《はいせつ》したる毒氣《どくき》に中《あ》たるが爲《ため》にあらざるなきを得《え》んや。之《これ》を要《えう》するに太陽《たいやう》も、地球《ちきう》も、其他《そのた》諸遊星《しよいふせい》も、諸《しよ》恒星《こうせい》も、之《これ》を小《せう》にしては電子《でんし》も、元《げん》子《し》も、分子《ぶんし》も、細胞《さいはう》も、血球《けつきう》も、皆《みな》

上圖《じやうづ》の如《ごと》く其《そ》の南北《なんぼく》の吸口《すひくち》より精氣《せいき》を吸收《きふしう》し、中央《ちうわう》の赤道帶《せきだうたい》より之《これ》を排出《はいしつ》するとの假說《かせつ》は全然《ぜん〱》無稽《むけい》の架空說《かくうせつ》にはあらざるべし。

是等《これら》の假說《かせつ》は又《また》電子《でんし》、元子《げんし》、分子《ぶんし》、細胞《さいはう》、血球《けつきう》、筋肉《きんにく》より、太陽《たいやう》、地球《ちきう》、及《および》他《た》の諸星《しよせい》が生命《せいめい》を有《いう》する以上《いじやう》、五感《かん》をも具備《ぐび》すべしと思惟《しゐ》せしむべし。人民《じんみん》は國家《こくか》の電子《でんし》なり、元子《げんし》なり、分子《ぶんし》なり、細胞《さいはう》なり。而《しか》して國家《こくか》の思想《しさう》、感覺《かんかく》は其《その》構成《こうせい》單位《たんゐ》たる一分子《ぶんし》卽《すなは》ち個人《こじん》の思想感覺《しさうかんかく》の集《あつま》りたるものなり。之《これ》と同《おな》じく人類《じんるゐ》、禽獸《きんじう》、蟲魚《ちうぎよ》及《および》植物《しよくぶつ》等《とう》の心念《しんねん》感覺《かんかく》は其《そ》の之《これ》を構成《こうせい》する細胞《さいはう》、分子《ぶんし》、元子《げんし》乃至《ないし》電子《でんし》の心念感覺《しんねんかんかく》の集積《しふせき》したるものなりと謂《い》ばざるべからず。然《しか》らば則《すなは》ち電子《でんし》、元子《げんし》、分子《ぶんし》にも相當《さうとう》の感覺《かんかく》あるや明《あきら》かなり。之《これ》を推論《すゐろん》する時《とき》は地球《ちきう》や、太陽《たいやう》や、其他《そのた》の諸星《しよせい》にも念慮感覺《ねんりよかんかく》あるべく、此等《これら》幾《いく》千萬億《おく》の太陽系《たいやうけい》より成《な》る大宇宙《だいうちう》の個體《こたい》は人類《じんるゐ》の心念感覺《しんねんかんかく》が、電子《でんし》や、元子《げんし》より明了《めいりやう》なる如《ごと》く、諸《しよ》太陽系《たいやうけい》の星辰《せいしん》の心念感覺《しんねんかんかく》より鋭敏《えいびん》なるべし。

之《これ》を約言《やくげん》すれば大宇宙《だいうちう》の大精神《だいせいしん》は各階級《かくかいきふ》の個體《こたい》を通《つう》じて最小《さいせう》微體《びたい》の電子《でんし》否《いな》精氣《せいき》に至《いた》るまで共通《きようつう》一貫《くわん》せるものにして、宇宙《うちう》の大精神《だいせいしん》は宇宙《うちう》の精氣《せいき》の精神《せいしん》なりと稱《しよう》するを得《う》べし。大乘起信論《だいじようきしんろん》の所謂《いはゆる》阿黎耶識《ありやしき》は此精氣《このせいき》なり。天台《てんだい》、眞言《しんごん》の法身《はふしん》たる毘盧遮那《びるしやな》佛《ぶつ》も亦此《またこ》の精氣《せいき》なり。此精氣《このせいき》は水《みづ》の海洋《かいやう》に遍滿《へんまん》する如《ごと》く、宇宙《うちう》の到《いた》る處《ところ》の空間《くうかん》に遍滿《へんまん》し、無量劫《むりやうかふ》の過去《くわこ》より無量劫《むりやうかふ》の未來《みらい》に實在《じつざい》し、顯幻生滅《けんげんしやうめつ》、刹那《せつな》に變化《へいくわ》し、報身《はうしん》あり、應身《わうしん》あり、一切《さい》の衆生《しゆうじやう》、森羅萬象《しんらばんしやう》、日月星辰《じつげつせいしん》立《たちどこ》ろに生《しやう》じ、立《たちどこ》ろに滅《めつ》す。之《これ》を縦《はな》てば則《すなは》ち六合《りくがふ》に彌《わた》り、之《これ》を卷《ま》けば則《すなは》ち退《しりぞ》いて密《みつ》に藏《かく》る。

精氣《せいき》あるが故《ゆゑ》に個體《こたた》あるにあらず、個體《こたい》あるが故《ゆゑ》に精氣《せいき》あるにあらず。精氣《せいき》と個體《こたい》とは同一《どう》なり。宇宙《うちう》の根原《げん》たる精氣《せき》は個體《こたい》にあらず、心念《しんねん》にあらず、兩處兼併《りやうしよけんへい》の靈《れい》なり。之《これ》を實在《じつさい》と稱《しよう》する可《か》なり。之《これ》を空《くう》と稱《しよう》する可《か》なり。之《これ》を實相《じつさう》と稱《しよう》する可《か》なり。之《これ》を圓覺《えんがく》と稱《しよう》する可《か》なり。之《これ》を佛《ぶつ》と稱《しよう》する可《か》なり。人類《じんるゐ》、禽獸《きんじう》、草木《さうもく》の生《うま》れたるは此精氣《このせいき》の集積《しふせき》したる變化《へんくわ》なり。其《そ》の死《し》するや、其變化《そのへんくわ》が更《さら》に變化《へんくわ》して還元《くわんげん》したるものなり。心念《しんねん》を理《り》と謂《い》ひ、個體《こたい》を事《じ》と謂《い》ひ、而《しか》して其相融通《そのあひゆうづう》して毫《がう》も支障《ししよう》なきを華嚴《けごん》の所謂理事無礙《いはゆるりじむげ》と稱《しよう》する可《か》なり。個體《こたい》と個體《こたい》とは其根同《そのこんおな》じきが故《ゆへ》に、相融通《あひゆうづう》して無礙《むげ》ならざること事事無礙《じじむげ》と稱《しよう》するも亦可《またか》なり。

吾人《ごじん》は地球上《ちきうじやう》に住居《ぢうきよ》するが故《ゆゑ》に地球《ちきう》を以《もつ》て大《だい》なりとし、太陽《たいやう》を以《もつ》て更《さら》に大《だい》なりとす。之《これ》と同《おな》じく血球《けつきう》や、電子《でんし》に住居《ぢうきよ》する生《せい》物《よつ》は、其《その》住《じう》居《きよ》する電《でん》子《し》中《よう》の一小《せう》體《たい》を以《もつ》て大《だい》なりとし、其《その》中《ちう》央《わう》の光體《くわうたい》を以《もつ》て更《さら》に偉《ゐ》大《だい》なる太《たい》陽《やう》なりとなせり。電《でん》子《し》以《い》下《か》の最《さい》微《び》小《せう》の個《こ》體《たい》に住《ぢう》居《きよ》するものも亦《また》同《どう》様《やう》の感《かん》あるべし。更《さら》に又《また》大《だい》宇《う》宙《ちう》の個《こ》體《たい》は其《その》住《ぢう》する大《だい》個《こ》體《たい》を以《もつ》て大《だい》なりとし、之《これ》を輝《かゞや》かす中《ちう》心《しん》の光《くわう》體《たい》を以《もつ》て大《だい》なる太《たい》陽《やう》となすべし。故《ゆゑ》に宇《う》宙《ちう》は其《そ》の大《だい》個《こ》體《たい》より精《せい》氣《き》の最《さい》小《せう》微《び》に至《いた》るまで同《どう》一の事《こと》を繰《くり》返《かへ》すものなりと稱《しよう》すべし。畢《ひつ》竟《きやう》宇《う》宙《ちう》は精《せい》氣《き》にして、精《せい》氣《き》は宇《う》宙《ちう》なり。

　精《せい》氣《き》を物《もの》に譬《たと》ふれば夫《そ》れ水《みづ》の如《ごと》きか。山《さん》澤《たく》、湖《こ》沼《せう》、河《か》川《せん》、海《かい》洋《やう》に遍《へん》在《ざい》し、海《かい》洋《やう》の水《みづ》蒸《じやう》發《はつ》して雲《くも》となり、雨《あめ》となり、地《ち》中《ちう》に入りて泉《いづみ》となり、澤《さは》となり、湖水《こすゐ》となり、河川《かせん》となり、流《なが》れて復《また》海《かい》洋《やう》に入《い》る。一波《は》動《うご》けば萬波《は》生《しやう》じ、因縁《いんねん》盡《つ》くれば寂滅《じやくめつ》して平靜《へいせい》に歸《き》す。生老病死《せうらうびやうし》の苦《く》あり、常寂光土《じやうじやくくわうど》の樂《らく》あり。一切《さい》娑婆世界《しやばせかい》の夢幻《むげん》茲《こゝ》に現《あら》はれざるなし。而《しか》して苦《く》の水《みづ》と樂《らく》の水《みづ》と何《なん》の異《こと》なる所《ところ》かある。但《た》だ其《そ》の現《あら》はれたる形《かたち》の異《こと》なるのみ。米國《べいこく》の海岸《かいがん》に暴風《ばうふう》乃至《ないし》地震《ちしん》あらんか、其《それ》が爲《ため》に起《おこ》れる海波《かいは》は大平洋《たいへいやう》の彼岸《ひがん》たる日本《にっぽん》の海岸《かいがん》を洗《あら》ふべし。一個《こ》の石《いし》を投《たう》じたる波紋《はもん》は十數町《すうちやう》に其《その》餘圏《よけん》を示《しめ》すなり。宇宙《うちう》の精氣《せいき》の大海《だいかい》も亦《また》正《まさ》に此《かく》の如《ごと》かるべし。

歴山大王《あれきさんどる》や、ケーザルや、成吉思汗《じんぎすかん》や、帖木兒《ちむーる》や、太閤《たいかふ》や、那翁《なぽれおん》や、ウイルヘルム二世《せい》の運動《うんどう》は世界《せかい》を震動《しんどう》せしめたり。モーゼや、ダヴイテや、アブラハムや、孔子《こうし》や、釋迦《しやか》や、基督《きりすと》や、モハメットの運動《うんどう》も亦《また》世界《せかい》に其波紋《そのはもん》を擴《ひろ》げたり。一人《じん》の精神力《せいしんりよく》も他《た》の精神力《せいしんりよく》に感應《かんわう》する時《とき》は、米國海岸《べいこくかいがん》の地震《ちしん》が太平洋《たいへいやう》の彼岸《ひがん》に其波圏《そのはけん》を及《およ》ぼすが如《ごと》く、世界《せかい》の精神界《せいしんかい》に其思想《そのしさう》の波紋《はもん》を擴《ひろ》ぐべし。

故《ゆゑ》に人《ひと》ありて其精神《そのせいしん》を練磨《れんま》し、之《これ》を宇宙《うちう》の大精神《だいせいしん》に合致《がつち》せしむる時《とき》は爲《な》すとして成《な》らざるものなし。吾人《ごじん》は少時《せうじ》西遊記《さいいうき》を繙《ひもど》きて、孫悟空《そんごくう》や、猪《しや》八戒《かい》が神通力《しんつうりき》を顯《あら》はして恐《おそ》るべき惡魔《あくま》と戰《たゝか》ふを讀《よ》みたり。當時《たうじ》吾人《ごじん》は支那人《しなじん》の空想《くうさう》の誇大《こだい》なるに驚《おどろ》き、かくの如《ごと》きことの有《あ》り得《う》べからざるを思《おも》へり。今《いま》より百年前《ねんぜん》の人《ひと》は何人《なにびと》も孫悟空《そんごくう》の神通力《しんつうりき》を以《もつ》て、世界《せかい》に實現《じつげん》すべからざるものなりと信《しん》ぜしなるべし。然《しか》も最近《さいきん》百年《ねん》にして孫悟空《そんごくう》の神通力《しんつうりき》は大半《たいはん》吾人《ごじん》に依《よ》りて實現《じつげん》されたり。孫悟空《そんごくう》の常時《じやうじ》乘《の》る所《ところ》の觔斗雲《きんとうん》は一時間《じかん》に十萬八千里《り》を走《はし》ると稱《しよう》せしが、是豈《これあに》現時《げんじ》の飛行機《ひかうき》が十六時間《じかん》にして大西洋《たいせいやう》を横斷《わうだん》すると逕庭《けいてい》なきにあらずや。又彼《またか》の悟空《ごくう》が印《いん》を結《むす》び、咒《じゆ》を唱《とな》へて、遠《とほ》くは數萬里外《すうまんりぐわい》に在《あ》る北海《ほくかい》や東《とう》海《かい》の龍王《りうわう》を呼《よ》び、近《ちか》くは山《やま》の神及《かみおよび》土地《とち》の神《かみ》を呼《よ》ぶは、豈《あに》現在《げんざい》の有線《いうせん》無線《むせん》の電信《でんしん》と同《おな》じからずや。悟空《ごくう》の縮地《しゆくち》の術《じゆつ》は汽車《きしや》、汽船《きせん》、電車《でんしや》に由《よ》りて實現《じつげん》しつゝあるにあらずや。悟空《ごくう》の神珍鐵《しんちんてつ》の如意《によい》棒《ぼう》は小銃《せうじう》、機關銃《きくわんじう》、迫撃砲《はくげきはう》、山砲《さんはう》、野砲《やはう》、攻城砲《こうじやうはう》、重砲《ちゆうはう》と異《こと》なる所《ところ》なきにあらずや。黄風大王《くわうふうだいわう》の毒風《どくふう》は獨逸軍《どいつぐん》の使用《しよう》せる毒瓦《どくがす》斯《す》と何《なん》の相違《さうゐ》がある。太上老君《たいじやうらうくん》の八卦爐《けいろ》は製鐵所《せいてつしよ》の熔鑛爐《ようくわうろ》と何《なに》程《ほど》の相違《さうゐ》かある。紅孩兒《こうがいじ》の三昧火《まいくわ》と獨逸《どいつ》の燃燒液《ねんせうえき》と何程《なにほど》の相違《さうゐ》かある。孫悟空《そんごくう》の水底《すゐてい》を潛《くゞ》る術《じゆつ》と潛航艇《せんかうてい》と何程《なにほど》の相違《さうゐ》かある。吾《ご》人《じん》が研磨《けんま》修業《しうげふ》の功《こう》は遂《つひ》に孫悟空《そんごくう》の術《じゆつ》を得《え》しこと此《こ》の如《ごと》し。誰《たれ》か吾人《ごじん》が神通自在《しんつうじざう》たるを得《え》ずと謂《い》ふ者《もの》あらんや。

吾人《ごじん》は精氣《せいき》の集體《しふだん》なり。宇宙《うちう》も亦精氣《またせいき》の集體《しふたい》なり。精氣《せいき》の大《だい》集體《しふたい》は神《しん》なり、佛《ほとけ》なり、大宇宙《だいうちう》なり、造物主《ざうぶつしゆ》なり、天神《てんじん》なり。故《ゆゑ》に吾人《ごじん》が精進《せいしん》、修業《しゆうげふ》の功《こう》を積《つ》みて、吾人《ごじん》の個體《こたい》として顯現《けんげん》する精氣《せいき》の集團《しふだん》を大宇宙《だいうちう》の精氣《せいき》に歸《き》せしむれば、大宇宙《だいうちう》の力《ちから》を或《ある》程度《ていど》まで現《あら》はすを得《う》べし。勿論吾人《もちろんごじん》の現在其儘《げんざいそのまゝ》の個體《こたい》にても大《だい》宇宙《うちう》の力《ちから》の幾分《いくぶん》を現《あら》はしつゝありと雖《いへど》も、其《そ》は餘《あま》りに小《せう》なり。無明《むみやう》か阿黎耶《あらや》に纒綿附着《てんめんふちやく》して、貪瞋痴《どんしんち》の黑雲《こくうん》が眞如《しんによ》の月《つき》を蔽《お》ふが故《ゆゑ》に、阿黎耶《あらや》は光《ひかり》を失《しつ》して、本來《ほんらい》の力《ちから》を現《あら》はし能《あた》はざるなり。

人類《じんるゐ》が小智《せうち》に甘《あま》んじて有漏《うろ》の境《さかひ》に蠢動《しゆんどう》しつゝあるは實《じつ》に之《これ》が爲《ため》なり。

故《ゆゑ》に若し吾人《ごじん》が一切《さい》の煩惱《ぼんなう》を驅除《くぢよ》して、無明《むみやう》の纒綿附着《てんめんふちやく》を解《と》き、以《もつ》て阿黎耶《あらや》の眞光《しんくわう》を輝《かゞや》かさば、吾人《ごじん》は宇宙《うちう》の大精神《だいせいしん》と交通《かうつう》、融合《ゆうごう》するを得《う》べし。既《すで》に大宇宙《だいうちう》と融合《ゆうごう》す。是《これ》凡體《ぼんたい》にあらず。宇《う》宙《ちう》の神力《しんりき》は茲《こゝ》に顯現《けんげん》して三世《せい》を通觀《つうくわん》し、一切《さい》の衆生《しうじやう》を濟度《さいど》するを得《う》べし。況《いはん》や自己《じこ》の個體《こたい》をや。此時《このとき》彼《かれ》は自己《じこ》なく、境涯《きやうがい》なし。一切《さい》の力《ちから》を具足《ぐそく》して眞《しん》の神通自在《しんつうじざい》を得《う》べし。是皆修業《これみなしゆうげふ》の功《こう》に由《よ》るなり。

現《げん》在《ざい》文《ぶん》明《めい》世《せ》界《かい》の人《じん》智《ち》は孫《そん》悟《ご》空《くう》の術《じゆつ》に達《たつ》したりと雖《いへど》も、總《すべ》て是《これ》器《き》械《かい》力《りよく》の發《はつ》明《めい》なり。人《にん》間《げん》自《じ》身《しん》が直《たゞち》に飛《ひ》行《かう》し、直《たゞち》に縮《しゆく》地《ち》し、直《たゞち》に萬《ばん》里《り》の遠《とほ》きと通《つう》話《わ》し、直《たゞち》に水《すゐ》中《ちう》を潛《くゞ》り、直《たゞち》に火《ひ》を噴《ふ》き、直《たゞち》に人《ひと》の病《やまひ》を癒《い》やし、直《たゞち》に衆《しゆ》生《じやう》を濟《さい》度《ど》するにあらざれば眞《しん》の文《ぶん》明《めい》にあらず。況《いはん》や今《いま》の文《ぶん》明《めい》は唯《たゞ》物《ぶつ》質《しつ》的《てき》智《ち》識《しき》の發《はつ》達《たつ》にして、精《せい》神《しん》的《てき》には毫《がう》も進《しん》歩《ぽ》せざるに於《おい》てをや。啻《たゞ》に進《しん》歩《ぽ》せざるのみならず、反《かへつ》て退《たい》歩《ほ》するの觀《くわん》あり。慨《がい》すべき哉《かな》。

一世《せい》の偉《ゐ》材《ざい》を集《あつ》めたる巴《パ》里《リー》の平《へい》和《わ》會《くわい》議《ぎ》は口《くち》に正《せい》義《ぎ》人《じん》道《だう》を唱《とな》へながら、心《こゝろ》に鷙《しう》鳥《てう》の爪《つめ》を磨《みが》き、豺《さい》狼《らう》の牙《きば》を光《ひか》らし、貪《どん》嗔《しん》痴《ち》の雲《くも》益《ます》く々深《ふか》く、世界《せかい》を擧《あ》げて自己《じこ》の領域《りやうゐき》たらしめざれば已《や》まざるを思《おも》ふ。ウイルソン然《しか》り、ロイド・ジョージ然《しか》り、クレマンソー然《しか》り、ニツチ然《しか》り。己《おのれ》は廣漠無人《くわうばくむじん》の領域《りやうゐき》を有《いう》しながら、他國人《たこくにん》の來《きた》るを拒《こば》み、己《おのれ》は他國《たこく》の領土内《りやうどない》に諸種《しよしゆ》の利權《りけん》を有《いう》しながら、他國人《たこくじん》の來《きた》りて他《た》の利權《りけん》を得《う》るを妨害《ばうがい》す。耽々《たん〳〵》として弱國《じやくこく》を視《み》ること虎《とら》の如《ごと》く、貪惏《どんひん》更《さら》に飽《あ》くことを知《し》らず。是《これ》人道《じんだう》の退歩《たいほ》にあらずして何《なん》ぞや。世界大戰後人類《せかいたいせんごじんるゐ》の思想《しさう》は急激《きふげき》に變化《へんくわ》し、世《よ》を擧《あ》げて社會主義《しやくわいしゆぎ》の思潮横流《してうわうりう》しつゝあり。社會主義《しやくわいしゆぎ》の實行《じつかう》は專制主義《せんせいしゆぎ》よりは人類《じんるゐ》に幸福《かうふく》なるべし。又階級制度《またかふきふせいど》の今日《こんにち》よりは一般人類《はんじんるゐ》の幸福《かうふく》は増進《ぞうしん》すべし。此意味《このいみ》に於《おい》て吾人《ごじん》は之《これ》を喜《よろこ》ぶと同時《どうじ》に、其《その》結果《けつくわ》現時《げんじ》の文明《ぶんめい》は退歩《たいほ》し、中世暗黒時代《ちうせいあんこくじだい》を再《ふたゝ》び現出《げんしつ》するなきやを憂《うれ》ふるなり。之《これ》を露國《ろこく》及《および》獨逸《どいつ》の革命《くわくめい》に観《み》、又《また》各國《かくこく》社會主義者《しやくわいしゆぎしや》の主張《しゆちやう》を観《み》るに、其階級制度《そのかいきふせいど》を破壊《はくわい》するは可《か》なりと雖《いへど》も、獨《ひと》り勞働者《らうどうしや》に厚《あつ》くして、智識階級《ちしきかいきふ》を薄《うす》うずるの觀《くわん》あり。此《かく》の如《ごと》くきは結局學問《けつきよくがくもん》の研究《けんきう》に身《み》を委《ゆだ》ぬるものなく、多《おほ》くの兒童《じどう》は小學校《せうがくかう》以上《いじやう》の學問《がくもん》を修《をさ》むるの損《そん》を知《し》りて、滔々《たう〱》として勞働界《らうどうかい》に投《かう》ずべし。かくて世《よ》は無智《むち》の勞働者《らうどうしや》を以《もつ》て滿《み》たされ、學術《がくじゆつ》遂《つひ》に泯滅《みんめつ》せんとす。是豈《これあ》に憂《うれ》ふべきにあらずや。

然《しか》れども物質的《ぶつしつてき》に無智《むち》の世界《せかい》は精神的《せいしんてき》に進歩《しんぽ》するやも知《し》るべからず。人《ひと》は科學《くわがく》の研究《けんきう》にのみ熱中《ねつちう》するが故《ゆゑ》に心的學問《しんてきがくもん》の研究《けんきう》を疎《おろそ》かにす。若《も》し科學的智識《くわがくてきちしき》が退歩《たいほ》して、形而下《けいじか》に屈托《くつたく》することなければ、形而上《けいじじやう》の學問《がくもん》油然《ゆうぜん》して起《おこ》るなからんや。現代科學《げんだいくわがく》の研究《けんきう》の爲《ため》に破壞《はくわい》されたる宗教上《しうけうじやう》の信仰《しんかう》も、形而下智識《けいしかちしき》の退歩《たいほ》と共《とも》に勃然《ぼつぜん》として起《おこ》るやも知《し》るべからず。佛教《ぶつけう》老《お》い、基督《きりすと》教《けう》老《お》い、回教《くわいけう》亦《また》老《お》いたる今日《こんにち》、一大哲人《だいてつじん》の現《あら》はれ、新宗教《しんしうけう》を起《おこ》して方《まさ》に來《きた》るべき暗黑時代《あんこくじだい》に赫灼《かくしやく》たる光明《くわうみやう》を與《あた》ふるは必然《ひつぜん》有《あ》り得《う》べきことに屬《ぞく》す。實《じつ》に彌勒《みろく》や、マーヂーの出世《しつせい》すべき時代《じだい》は將《まさ》に來《き》んらとしつゝあるなり。

友人《いうじん》吉田正平《よしだしやうへい》氏《し》は野孤禪《やこぜん》なり。然《しか》も或《ある》程度《ていど》まで宇宙《うちう》の精氣《せいき》と接觸《せつしよく》し、凡人《ぼんじん》の爲《な》すべからざることを成《な》せり。氏《し》は甞《かつ》て其郷里《そのきやり》伊勢《いせ》の松坂《まつさか》の養泉《やうせん》寺に於《おい》て水野良英師《みづのりやうえいし》に就《つ》き佛教《ぶつけう》を學《まな》び頗《すこぶ》る得度《ど》する所《ところ》あり。又嚮《またさき》に郡司大尉《ぐんじたいゐ》の言《げん》を聽《き》きて、易筋《えききん》、洗髓《せんずゐ》の二經《きやう》を上海《しやんはい》に求《もと》め、歸來《きらい》熟讀精讀《じくどくせいどく》、又實地《またじつち》に之《これ》を試《こゝろ》み、頗《すこぶ》る妙處《めうしよ》に達《つた》せりと云《い》ふ。己獨《おのれひと》り其功德《そのくとく》に浴《よく》するは其素志《そのそし》にあらず。廣《ひろ》く之《これ》を世《よ》に紹介《しようかい》して、世人《せじん》の修養《しうやう》の羅針《らしん》たらしめんと欲《ほつ》し、之《これ》を譯述《やくじゆつ》して上梓《じやうし》すべく、之《これ》を予《よ》に示《しめ》す。予之《よこれ》を一讀《どく》して其奇書《そのきしよ》なるを覺《おぼ》え、再讀《さいどく》三讀《さんどく》して益《ます〳〵》其奇《そのき》なるを知《し》る。夫《そ》れ易筋《えききん》の功《こう》は身體《しんたい》を柔軟《じうなん》ならしめんとするあり。則《すなは》ち凡體《ぼんたい》を化《くわ》して聖體《せいたい》となすにあり。全身《ぜんしん》を運動《うんどう》し、揉《も》み、打《う》ち、叩《たゝ》き、而《しかし》て所謂《いはゆる》無明《むめい》の障碍《しようがい》を取除《とりの》け、眞如《しんによ》の光《ひかり》を放《はな》たしめんとするにあり。纏綿《てんめん》せる汚物《をよつ》を去《さ》りて、眞《しん》の精氣《せいき》を活躍《くわつやく》せしめ、又之《またこれ》を統《とう》一せんとするにあり。此功《このこう》九年《ねん》又《また》三年《ねん》を要《えう》す。功終《こうをは》るの時《とき》、力《ちから》は金剛《こんがう》を得《え》、掌《てのひら》を以《もつ》て牛頭《ぎうとう》を碎《くだ》くべく、一指《し》を以《もつ》て犀腹《さいふく》を穿《うが》つべし、一見《けん》すれば荒唐無稽《くわうとうむけい》の說《せつ》の如《ごと》しと雖《いへど》も、仔細《しさい》に之《これ》を考《かんが》ふる時《とき》は易筋《えききん》の功《こう》は人體《じんたい》の精氣《せいき》を集中《しふちう》して、宇宙《うちう》の精氣《せいき》と合致《がつち》せしむるを得《う》せしむべく、人體《じんたい》の精氣《せいき》と宇宙《うちう》の精氣《せいき》と合致《かつち》する時《とき》は、吾人《ごじん》の以て不可思議《ふかしぎ》となす宇宙《うちう》の大威力《だいゐりよく》を立《たちどこ》ろに顯現《けんげん》せしむるを得《う》すべし。予輩《よはい》は切《せつ》に世人《せじん》が之《これ》に依《よ》りて身體《しんたい》の鍛練《たんれん》を爲《な》さんことを希望《ばう》す。若《も》し夫《そ》れ洗髓經《せんずゐきやう》に至《いた》りては肉體《にくたい》を離《はな》れたる心念《しんねん》の修業《しうげふ》なり。無明《むめい》を除《のぞ》いて阿賴耶識《あらやしき》のみを顯《あら》はさんとするなり。即《すなは》ち五蘊《うん》の識《しき》のみを發揚《はつやう》し、六根《こん》の意《い》のみを殘《のこ》さんとするなり。要《えふ》は人間《にんげん》の心念《しんねん》と宇宙《うちう》の心念《しんねん》とを交通《こうつう》一致《ち》せしめんとするにあるなり。人《ひと》の體《たい》を構成《こうせい》する精氣《せいき》と、宇宙《うちう》の精氣《せいき》とを心的修業《しんてきしゆうげふ》に依《よ》りて合致《かつち》せしめんとするに在《あ》るなり。

之《これ》を要《えふ》するに易《えき》筋經《きんきやう》は肉體《にくたい》の功《こう》に依《よ》りて人間《にんげん》に金剛《こんがう》の力《ちから》を與《あた》へ、洗髓經《せんずゐきやう》は鍊心《れんしん》の功《こう》に依《よ》りて人間《にんげん》に神通《しんつう》の自在《じざい》を與《あた》へんとするなり。兩經《ちやうきやう》に依《よ》りて其功《そのこう》を終《をは》る時《とき》は力《ちから》、山《やま》を拔《ぬ》くべく、氣《き》、乾坤《けんこん》を包《つゝ》むべし。我《われ》、方《まさ》に空中《くうちう》を飛行《ひかう》せんと欲《ほつ》する時《とき》は、則《すなは》ち大自在《だいじざい》の飛行《ひかう》をなし得《う》べく、我《われ》、地上數尺《ちじやうすうしやく》の所《ところ》に靜坐《せいざ》せんと欲《ほつ》すれば則《すなは》ち該處《がいしよ》に靜坐《せいざ》し得《う》べし。吾人《ごじん》は凡體《ぼんたい》なり。故《ゆゑ》に常《つね》に思《おも》ふ所《ところ》一《いつ》として自由《じいう》なるなきを憾《うら》むと雖《いへど》も、若《も》し此功《このこう》に依《よ》りて神《しん》通自在《つうじざい》を得《え》ば洵《まこと》に人類無上《じんるゐむじやう》の幸福《かうふく》なり。但《た》だ惜《をし》むらくは洗髓經《せんずゐきやう》が其說明《そのせつめい》不完全《ふくわんぜん》にして、意義徹底《いぎてつてい》せず。單《たん》に末節《まつせつ》のみを述《の》べて、大《だい》綱《かつ》を論《ろん》せず。文《ぶん》亦《また》粗《そ》笨《ほん》嚼蠟《しやくらふ》の感《かん》なくんばあらず。是《これ》豈《あに》不立《ふりつ》文字《もんじ》を文字《もんじ》に寫《うつ》したるの過《あやま》ちなるにあらざらんや。之《これ》を學《まな》ぶ者《もの》宜《よろ》しく文字《もんじ》に拘泥《こうでい》せず、其《その》眞義《しんぎ》を洞察《どうさつ》して修業《しゆうげふ》せば遂《つひ》に夫《そ》れ非《ひ》想《さう》非《ひ》々《ひ》想《さう》處《しよ》に達《たつ》するを得《え》ん歟《か》。

鷗公　酒巻貞一郎　識

備考、

地球の兩磁極の所在地左の如し。

1, 北方の磁極は北緯七十三度三十五分、東經二百六度二十一分の地點に在り。南方の磁極は南緯七十二度三十五分、東經百五十二度三十分に在り。

2, 太陽黑點は或は噴火口なりと稱し、或は大颶風の中心なりと稱され、諸家の說未た一定せず。但だ此黑點が磁石に大影響を與ふること、及此黑點の多く現はるゝ時は地球の炎熱は特に甚だしき事實より考ふる時は、太陽の吸口又はは出門にあらずやと思はる。

3, 宗敎の祖師や、哲學者や、豫言者等は不可思議の妙力を顯はして、或は三世を洞觀し、或は未來を豫言し、或は不治の病を癒したり。近時亦之に類する者あり。讀心術者の如き、千里眼の如き、催眠術者の如き皆是なり。設し人ありて能く精神を練りて無我の境に達する時は能く不可思議の力を顯すべし。

4, 古來擊劍柔道乃至相撲の名人の修業は易筋經の敎義に一致す。修業の功を積む時は凡人も亦塚原卜傳、諸川伴五郎乃至太刀山の如きものたるを得べし。

易筋經義序

元《げん》と魏《ぎ》の孝明帝《かうめいてい》の正光年間《しやうくわうねんかん》、達磨大師《だるまだいし》梁《りやう》より魏《ぎ》に適《ゆ》き、嵩山《かうさん》少林寺《せうりんじ》に面壁《めんへき》す。一日《にち》徒衆《としゆう》に謂《いつ》て曰《いは》く、盍《なん》ぞ各《かく》知《し》る所《ところ》を言《い》つて、以《もつ》て造詣《ざうけい》を觀《しめ》さゞると。衆乃《しゆうすなは》ち各《かく》修《をさ》むる所《ところ》を陳進《ちんしん》す。師《し》曰《いは》く、某《それがし》は吾《わ》が皮《かわ》を得《え》たり。某《それがし》は吾《わ》が肉《にく》を得《え》たり。某《それがし》は吾《わ》が骨《ほね》を得《え》たり。惟《た》だ慧可《けいか》有《あ》り。爾《なんぢ》は吾《わ》が髓《ずゐ》を得《え》たりと。其後《そのご》人《ひと》漫《みだ》りに之《これ》を解《かい》するに譬《たとへ》を以《もつ》てし、道《みち》に入《い》るの淺深《せんしん》と爲《な》せり。而《しか》も其《そ》の實《じつ》は指《さ》す所《ところ》あるものにして諭言《ゆげん》に非《あら》ざるを知《し》らざるなり。九年《ねん》功《こう》畢《をは》り化《け》を示《しめ》すに迨《およ》んで、熊耳山《いうじさん》の脚《きやく》に葬《はうむ》る。慧可《けいか》乃《すなは》ち隻履《せきり》を携《たづさ》へて西《にし》へ歸《かへ》る。後面壁《のちめんへき》せし處《ところ》に碑《ひ》を砌《きざ》みしが風雨《ふうう》に壞《こは》れしを、寺《じ》僧之《そうこれ》を修葺《しうしう》して一鐵函《てつかん》を得《え》たり。封鎖《ふうさ》なくして合縫《がふほう》あり。而《しか》して百計《けい》するも開《ひら》くこと能《あた》はず。一僧悟《そうさと》りて曰《いは》く、是《こ》れ必《かなら》ず膠漆《こうしつ》にて固《かた》むる所《ところ》なり。宜《よろ》しく火《ひ》を以《もつ》てすべしと。函遂《はこつひ》に開《ひら》く。乃《すなは》ち蠟《らふ》を鎔《と》かして滿注《まんちゆう》して四着《ちやく》せしが故《ゆゑ》なり。中《うち》に二帙《ちつ》を藏《ざう》す、一を洗髓經《せんずゐきやう》と曰《い》ひ、一を易筋經《えききんきやう》と曰《い》ふ。

洗髓《せんずゐ》なるものは人《ひと》の愛《あい》に生《しやう》じ、慾《よく》に感《かん》じ、一落有形《らくいうけい》、悉皆《しつかい》の滓《さい》穢《わい》、佛《ぶつ》諦《たい》を修《をさ》めて動《どう》障《しやう》眞《しん》如《によ》、五藏《ざう》、六府《ぷ》、四肢《し》、百骸《がい》、必《かなら》ず先《ま》づ一一洗《せん》淨《じやう》せんと欲《ほつ》するを謂《い》ふ。純《じゆん》見《けん》淸《けい》虛《きよ》方《まさ》に進《しん》修《しう》して佛《ぶつ》慧《けい》の地《ち》に入《い》る可《べ》く、此經《このきやう》に由《よ》らずんば進《しん》修《しう》基《き》無《な》く、是《ぜ》處《しよ》有《あ》るなし。讀《よ》んで此《こゝ》に至《いた》りて然《しか》る後《のち》向《むか》ふ所《ところ》を知《し》る。之《こ》れ所謂《いはゆる》髓《ずゐ》を得《え》たる者《もの》とは此《これ》を以《もつ》てするなり。

易《えき》筋《きん》なるものは骨《こつ》髓《ずゐ》の外《ほか》、皮《ひ》肉《にく》の中《うち》、筋《すぢ》に非《あら》ざる莫《な》きなり。身《み》を周《めぐ》つて聯《れん》絡《らく》して、血《けつ》氣《き》に通《つう》行《ぎやう》す。凡《およ》そ後《こう》天《てん》に屬《ぞく》するもの皆《みな》其《そ》れ提《てい》携《けい》して寢《ね》て眞《しん》を修《をさ》むるに服《ふく》す。其《その》賛《さん》襄《じやう》立《たちどこ》ろに見《あら》はるゝに非《あら》ずんば、頽《たい》靡《び》泛《ばう》を作《な》すを視《み》ん。常《つね》に曷《なん》ぞ極《きよく》至《ち》に臻《いた》らん。是《こ》れを舍《お》いて爲《な》さずんば、進修《しんしう》恃《たの》みなく、是處《ぜしよ》有《あ》るなし。讀《よ》んで此《こゝ》に至《いた》りて然《しか》る後《のち》、所謂《いはゆる》皮《かは》を得《え》、肉《にく》を得《え》、骨《ほね》を得《う》るなるもの、譬《ひ》喩《ゆ》にも非《あら》ず、亦《また》漫語《まんご》に非《あら》ざるを知《し》るは、蓋《けだ》し此《こ》れを以《もつ》てするなり。

洗髓經《せんずゐきやう》の帙《ちつ》は慧可《けいか》に歸《き》し、之《これ》を衣鉢《いはつ》に附《ふ》して秘《ひ》して世傳《せでん》と作《な》す。世人《せじん》罕《まれ》に見《み》る。維《た》だ易筋經《えききんきやう》は少林《せうりん》に留鎭《りうちん》し、以《もつ》て師德《しとく》を永《なが》うす。第《た》だ其經字《そのきやうじ》皆《みな》天竺《てんちく》の文《ぶん》なり。少林《せうりん》の僧《そう》も亦悉《またことごと》く通《つう》ずる能《あた》はず。間《ま》ま譯《やく》し得《う》るもの十に二三或《あるひ》は四五の者《もの》にして、後《のち》には人《ひと》の秘密《ひみつ》を口授《こうじゆ》するもの無《な》きに至《いた》り、遂《つひ》に各己《おの〳〵おの》れの意《い》を逞《たくま》しうして演《えん》じて而《しか》して之《これ》を習《なら》ひ、竟《つひ》に旁門《ばうもん》を成《な》し、技藝《ぎげい》に落《お》ちて、修《しう》眞《しん》の正旨《せいし》を失《うしな》ひ、今《いま》に至《いた》り少《せう》林の僧衆《そうしう》僅《わづか》に角技《かくぎ》を以《もつ》て名《な》を擅《ほしいまゝ》にす。是《こ》れ此《こ》の經《きやう》の一班《はん》を得《う》るなり。

衆中《しうちう》一僧《そう》あり。志識《しき》超《てつ》絶《ぜつ》せしが、念《おもへ》らく、達磨大師《だるまだいし》既《すで》に聖經《せいきやう》を留《とゞ》む。寧《なん》ぞ惟《た》だ小道《せうだう》のみならんや。今譯《いまやく》すること能《あた》はざるも、當《まさ》に能《よ》く譯《やく》する者《もの》あるべしと。乃《すなは》ち經《きやう》を懷《ふところ》にして遠《とほ》く訪《たづ》ねて名《めい》山《さん》を偏歴《へんれき》し、蜀《しよく》に抵《いた》り蛾眉《がび》に登《のぼ》り、西竺《せいぢく》の僧《そう》般剌密諦《はらみつたい》と晤《かた》るを得《う》。言《げん》此經《このきやう》に及《およ》び、遂《つひ》に志《こゝろざ》す所《ところ》を陳《の》べ、聖祖《せいそ》の心傳《しんでん》の基《もとゐ》は此《こゝ》に在《あ》りと爲《な》す。而《しか》して經譯《きやうやく》す可《べか》らず。佛語《ぶつご》淵奥《えんおう》なり。經義《きやうぎ》にして譯《やく》通《つう》ず可《べ》くんば、凡《すべ》て聖《せい》に達《たつ》するなりと。密諦《みつたい》其意《そのい》に感《かん》じ、爲《ため》に一々指示《しじ》して其義《そのぎ》を詳譯《しやうやく》し、僧《そう》を山《やま》に止《とゞ》め提携《ていけい》して進修《しんしう》すること百日《にち》、而《しか》して凝固《ぎようこ》す。再《ふた》び百日《にち》にして充周《じうしう》し、三百日《にち》にして暢達《ちやうたつ》す。所謂《いはゆる》金剛《こんがう》の堅固《けんご》を得《え》、馴《な》れて佛《ほとけ》の智惠《ちえ》の地《ち》に入《い》る。洵《まこと》に基《もとゐ》ありと爲《な》す。僧志精堅《そうこゝろざしせいけん》にして世務《せむ》に落《お》ちず。聖僧《せいそう》に隨《したが》ひて淨域《じやうゐき》に化遊《けいう》するを得《え》て行《ゆ》く所《ところ》を知《し》らず。後《のち》に徐《じよ》の洪客《こうかく》之《これ》と海《かい》上《じやう》に遇《あ》ふて其秘諦《そのひたい》を得《え》、之《これ》を蚪髯《きうぜん》の客張中堅《きやくちやうちうけん》に授《さづ》け、仲堅《ちうけん》復《ま》た予《よ》に授《さづ》く。

是《こ》の書《しよ》は經《すなは》ち密諦《みつたい》にして翻譯《ほんやく》は達磨《だるま》の原經《げんきやう》に非《あら》ず。然《しか》れども文《ぶん》は異《ことな》ると雖《いへど》も而《しか》も旨《むね》は則《すなは》ち眞《しん》なり。語《ご》は奥《おう》ならざるも、而《しか》も義《ぎ》は易明《いめい》なり。故《ゆゑ》に之《これ》を易筋經義《えききんきやうぎ》と謂《い》ふ。嘗《かつ》て試《こゝろ》みに之《これ》を行《おこな》ふて奇效《きかう》を獲《え》、始《はじ》めて仙聖《せんせい》の眞傳《しんでん》必《かなら》ず虚妄《きよまう》無《な》きを信《しん》ぜり。惜《を》しいかな、未《いま》だ洗髓《せんずゐ》の秘《ひ》を得《え》ず。佛境《ぶつきやう》に遊歡《いうぐわん》すること能《あた》はず。又意《またい》を立《た》つること堅《かた》からざるを以《もつ》て僧《そう》の世務《せむ》に落《お》ちざるが如《ごと》くなること能《あた》はず。乃《すなは》ち僅《わづか》に六花《くわ》の小技《せうぎ》を借《か》りて勳閥《くんばつ》を博《ひろ》くし、終《つひ》に愧歉《きけん》を懷《いだ》くのみ。然《しか》して卽《すなは》ち此《こ》の妙義《めうぎ》は世《よ》亦罕《またまれ》に聞《き》く。故《ゆゑ》に謹《つゝし》みて其由《そのよし》を序《じよ》し、人《ひと》をして顚末《てんまつ》を知《し》らしめ、學者《がくしや》に企望《きばう》して務《つと》めて金剛《こんごう》の上乘《じやうじよう》を期《き》す。切《せつ》に効《かう》を區々《くゝ》にして人間《にんげん》の事業《じげふ》を作《な》す勿《なか》れ。

若《も》し能《よ》く此《これ》を藉りて一心《しん》大道《だいだう》の基《もとゐ》を爲《な》さば、始《はじ》めて達磨《だるま》大師《だいし》經《きやう》を留《とゞ》むるの意《い》に負《そむ》かず。亦《また》予《よ》が經義《きやうぎ》を流傳《るでん》するの意《い》に負《そむ》かざるなり。若《も》し神勇《しんゆう》足《た》り以《もつ》て世《よ》に應《おう》ずるを日《い》はゞ、則《すなは》ち古《いにしへ》の力《ちから》を以《もつ》て聞《ぶん》する者《もの》は多《た》々なり矣。奚《いづくん》ぞ録《ろく》するに足《た》らんや。

山百

貞觀《ていくわん》(唐《たう》)二年《ねん》春《はる》三月《ぐわつ》

三原《げん》の李《り》靖藥師甫　序

易筋經義神勇序

余《よ》は武人《よじん》なり。目丁字《めていじ》を識《し》らず、好《この》んで長槍大劒《ちやうあうたいけん》を弄《ろう》し、馬《うま》を盤《ばん》し、弓《ゆみ》を彎《ひ》いて以《もつ》て樂《たのしみ》となす。中原《ちうげん》淪器《りんき》して二帝《てい》北《はい》轅《えん》し泥《でい》馬河《ばかは》を渡《わた》るに値《あた》り、江南多事《かうなんたじ》なり。乃《すなは》ち吾《わ》れ元帥《げんすゐ》岳少保《がくせうほ》(飛《ひ》)の募《ぼ》署《しよ》に應《おう》じて、裨將《ひしやう》となり、屢々《しば〳〵》戰功《せんこう》を仕《たてまつ》りて大將《たいしやう》となる。轉瞬《てんしゆん》流光倏《りうくわうたちまち》にして逝《ゆ》く水《みづ》の如《ごと》し。憶《あゝ》。

昔《むかし》少保《せうほ》の令《れい》を奉《ほう》じて出征《しゆつせい》し、師《し》を旋《せん》して鄂《がく》(湖北《こほく》)に還《かへ》る。途中《とちう》一遊僧《いうそう》に遇《あ》ふ。狀貌奇古《じやうばうきこ》にして手《て》に一函《かん》を持《も》ち、行營《かうえい》に入《い》り予《よ》に囑《しよく》して少保《せうほ》に致《いた》さしむ。其《そ》の故《ゆゑ》を叩《たゝ》けば僧《そう》の曰《いは》く、將軍《しやうぐん》少保《せうほ》の神《しん》力《りき》を有《いう》するを知《し》るか。曰《いは》く知《し》らざるなり、但《だ》だ吾《われ》少保《せうは》の能《よ》く百石《こく》の弓《ゆみ》を挽《ひ》くを見《み》て、人《ひと》の及《およ》ぶ所《ところ》に非《あら》ずと爲《な》すのみと。僧《そう》曰《いは》く、少保《せうは》の神《しん》力《りき》は天《てん》賦《ぷ》か。曰《いは》く然《しか》り。僧《そう》曰《いは》く非《ひ》なり、予《よ》之《これ》を授《さづ》くるのみ。少保《せうは》嘗《かつ》て予《よ》に學《まな》んで神力《しんりき》功成《こうな》る。予《よ》其《そ》の相隨《あひしたが》ふて道《みち》に入《い》らんことを囑《しよく》せしも、從《したが》ふこと能《あた》はずして志《こゝろざし》人間《にんげん》の勳《くん》業《げふ》にあり。名《な》は成《な》ると雖《いへど》も志《こゝろざし》は竟《な》り難《がた》し。天《てん》なり命《めい》なり、今將《いまは》た何《なん》ぞ及《およ》ばん。煩《わづらは》しからんも此函《このはこ》を致《いた》せ。或《あるひ》は能《よ》く反省《はんせい》して免《まぬか》るゝを獲《え》んかと。予《よ》言《げん》を聞《き》いて悚異《しようい》に堪《た》へず。姓氏《せいし》を叩《たゝ》くも叩《たゝ》く所《ところ》に答《こた》へずして曰《いは》く、西《にし》に達師《たつし》を訪《たづ》ぬと。予《よ》其《そ》の神威《しんゐ》に懼《おそ》れて敢《あへ》て挽留《ばんりう》せず。竟《つひ》に飄然《へうぜん》として去《さ》る。

少保《せうほ》函《かん》を得《え》て之《これ》を讀《よ》んで涙下《るゐか》して曰《いは》く、吾《わ》が師《し》の神僧《しんそう》なり。吾《わ》れ其《そ》の己《おのれ》を恃《たの》まずと。因《よつ》て一冊《さつ》を出《だ》して予《よ》に付《ふ》し囑《しよく》して曰《いは》く、好《この》んで此冊《このさつ》を掌《て》にし人《ひと》を擇《えら》んで授《さづ》け、法門《はふもん》の中《うち》に進道《しんだう》せしめ、中絶《ちうぜつ》して神僧《しんそう》に負《そむ》くこと勿《なか》れと。未《いま》だ幾《いくばく》ならずして少保《せうほ》奸人《かんじん》の構《かま》ふ所《ところ》となる。予《よ》の心《こゝろ》少保《せうほ》の寃を傷《いた》み憤《いきどほり》伸《の》ぶる莫《な》く、功名《こうみやう》を見《み》ること眞《しん》に糞土《ふんど》の如《ごと》く、復《ま》た人間《にんげん》の想《おもひ》無《な》し。少保《せうほ》の囑《しよく》を念《おも》ふて負《そむ》くに忍《しの》びざるも、武人《ぶじん》にして見識《けんしき》無《な》く斯《こ》の世界《せかい》を知《し》らざるを恨《うら》む。

誰《たれ》に授《さづ》くべきか、人《ひと》を擇《えら》ぶ既《すで》に難《かた》く、妄《みだ》りに傳《つた》ふるも無益《むえき》なり。今此冊《いまこのさつ》を將《もつ》て之《これ》を嵩山石壁中《こうさんせきへきちう》に傳《つた》ふ。聽《き》いて有緣者自《いうえんしやみづか》ら之《これ》を得《え》、以《もつ》て道《みち》を法門《ほふもん》に衍進《えんしん》せよ。庶《ねがは》くば予《よ》の妄《みだ》りに之《これ》を傳《つた》ふるの咎《とがめ》を免《めん》じて、在天《さいてん》の少保《せうは》に對《こた》ふべきのみ。

山百

紹興《せうこう》(宋《そう》)十二年故少保鄂《ねんこせうはがく》(湖北《こはく》)鎭大元帥岳《ちんだいげんすゐがく》(飛《ひ》)麾下《きか》

宏毅將軍湯陰牛皐《こうきしようぐんたういんぎうこう》

鶴　九　甫　序

靈肉修養　神通自在

原名「易筋經洗髓經」

達磨大師原著

西天竺僧　般刺密諦譯義

大日本　吉田正平和譯

上篇　易筋經義

第一　易筋總論

佛乘《ぶつじよう》を學《まな》ぶ者《もの》の初基《しよき》に二つの要義《えうぎ》がある。即《すなは》ち一を清虚《せいきよ》といつて、他《た》を勇往《ゆうわう》と云《い》ふ。心《こゝろ》が清虚《せいきよ》であると事《こと》に障害《しやうがい》がなく、行《おこなひ》が勇往《ゆうわう》であると爲《な》すことに懈怠《かいたい》がない。此《こ》の二つの道《みち》を辨《わきま》へないと學問《がくもん》に基礎《きそ》がなくなる。この事《こと》は既《すで》に世尊釋迦牟尼《せそんしやかむに》如來《にょらい》の說《と》き給《たま》ひし所《ところ》である。

清虛《せいきよ》といふのは何《ど》んなものであるか。これは洗髓《せんずゐ》のことである。勇往《ゆうわう》といふのは何《ど》んなものであるか。之《これ》は易筋《えききん》のことである。洗髓《せんずゐ》といふのは心《こゝろ》の垢《あか》を洗《あら》つて眞《しん》の心光《しんくわう》を出《だ》すことで、易筋《えききん》といふのは易《えき》は變《へん》を意味《いみ》し、筋《きん》は勁《つよき》を意味《いみ》し、筋肉《きんにく》を鍛錬《たんれん》して強靱《きやうじん》にすることをいふ。

人間《にんげん》の骨髓《こつずゐ》は外《ほか》は皮肉《ひにく》から內《うち》は四支《し》に至《いた》るまで筋《すぢ》の無《な》い處《ところ》はなく、筋《すぢ》に據《よ》らない勁《つよ》さはない。身體《からだ》の周圍《しうゐ》に幕《まく》のやうに絡《か》らんで、之《これ》に氣《き》を通《つう》じ、血《ち》を運《めぐ》らし、精《せい》神《しん》を衞《まも》つて其命令《そのめいれい》で自由《じいう》に運動《うんどう》の出來《でき》るやうにしてゐる。是《これ》は皆筋《みなすぢ》のお蔭《かげ》である。だから筋《すぢ》が弛《ゆる》めば身體《からだ》が痛《いた》み、筋《すぢ》が縮《ちゞ》めば身體《からだ》が彎《まが》り、筋《すぢ》が靡《し》びれると身體《からだ》が痿《しび》れ、筋《すぢ》が弱《よわ》くなると身體《からだ》が懈《なま》け、筋《すぢ》が切《き》れると身體《からだ》が挫《くじ》けてしまふ。之《こ》れと反對《はんたい》に、筋《すぢ》が壯《さか》んなものは身體《からだ》が強《つよ》く、筋《すぢ》の發達《はつたつ》してゐるものは身體《からだ》の發育《はついく》が良《よ》く、筋《すぢ》の勁《つよ》いものは姿勢《しせい》が正《ただ》しく、筋《すぢ》の調《ととの》つてゐるものは健康《けんかう》である。

此等《これら》の諸狀《しよじやう》は皆天《みなてん》から賦《う》けたもので、外氣《ぐわいき》の感應《かんおう》に由《よつ》て自《おのづか》ら盛衰《せいすゐ》はあるが、人《じん》功《こう》で出來《でき》たものではない。けれども人功《じんこう》で弱《よわ》いのを強《つよ》くし、彎《まが》つてゐるのを直《す》ぐに伸《の》べ、柔《やはらか》いのを剛《かた》くし、衰《おとろ》へてゐるのを健全《けんぜん》にすることは出來《でき》る。これが卽《すなは》ち易《えき》の功《こう》である。人間自身《にんげんじしん》の利得《りとく》であつて、聖《ひじり》になるべき基《もと》である。所謂《いはゆる》我《わ》が命《いのち》は我《わ》れに在《あ》りといふ唯我獨尊《ゆゐがどくそん》の道理《だうり》の一端《たん》と見《み》るべきものである。

で功《こう》には次第《しだい》といつて順序《じゆんじよ》があり、法《はふ》には内《うち》と外《そと》とがあり、行《ぎやう》には起止《きし》がある。

歳月《さいげつ》の循環《じゆんくわん》、氣節《きせつ》の變轉《へんてん》、器物《きぶつ》の形制《けいせい》、藥物《やくぶつ》の調合《てうかふ》から、飲食《いんしよく》、起居《ききよ》、物《もの》の兆候《てうこう》の末《すゑ》に至《いた》るまで、事々物々《じじぶつぶつ》皆始《みなはじめ》と終《をはり》と次第《しだい》とがあり、制度《せいど》があるから、宜《よろ》しく之《こ》れに從《したが》つて、之《こ》れを信《しん》じて、之《こ》れを會得《ゑとく》した上《うへ》、勇氣《ゆうき》を奮《ふる》つて、心氣《しんき》を興《おこ》して、堅忍不《けんにんふ》拔《ばつ》、法《はふ》に從《したが》つて身《み》を持《ち》して事《こと》を行《おこな》つて、道《みち》を修《をさ》めて、進《すゝ》まなければならぬ。斯《か》うすると何《ど》んな人《ひと》でも聖人《せいじん》の域《ゐき》に達《たつ》することができる。

第二　膜論

髓骨《ずゐこつ》の外《そと》から皮肉《ひにく》の中《うち》、五臟《ざう》六腑《ぷ》に至《いた》るまで、凡《およ》そ筋《すぢ》のない處《ところ》はなく、又《また》膜《まく》のない處《ところ》はない。

膜《まく》を筋《すぢ》に較《くら》べると稍《や》や軟《やはら》く、膜《まく》を肉《にく》に較《くら》べると稍《や》や勁《こは》い。筋《すぢ》は條《すじ》のやうな縷《つやれ》のやうな狀態《じやうたい》で、半《なか》ばは骨《ほね》に半《なか》ばは肉《にく》に附《つ》いてゐるが、膜《まく》は徧《あまね》く皮肉《ひにく》を周《めぐ》つて、全《まつた》く之《こ》れに附着《ふちやく》してゐて、筋《すぢ》とは聊《いさゝ》か趣《おもむ》きを異《こと》にしてゐる。それ故《ゆゑ》に功《こう》即《すなは》ち方法《はうはふ》は須《すべか》らく各々《おのおの》筋《すぢ》や膜《まく》の自然《しぜん》に從《したが》つて行《おこな》はなければならぬ。

筋《すぢ》を錬《ね》ることは易《やす》いが、膜《まく》を錬《ね》ることは難《むつか》しい。蓋《けだ》し功《こう》を行《おこな》ふの道《みち》は氣《き》を以《もつ》て主《しゆ》とする。天地《てんち》の生物《せいぶつ》は皆《みな》氣《き》が至《いた》つて其處《そこ》に百物《もつ》が長生《ちやうせい》する。故《ゆゑ》に功《こう》を行《おこな》つて氣《き》が至《いた》ると筋《すぢ》も膜《まく》も長《なが》く堅《かた》くなる。但《たゞ》し筋體《きんたい》は虚靈《きよれい》であるから氣《き》が乘《の》つて來《く》れば活動《くわつどう》して來《く》るが、膜體《まくたい》は呆滯《ほうたい》といつて感覺《かんかく》が鈍《にぶ》いから氣合《きあひ》が十分《ぶん》に筋《すぢ》の倍程《ばいほど》も乘《の》つてこなければ活動《くわつどう》することが出來《でき》ない。だから練習《れんしふ》を積《つ》んで筋《すぢ》が活動《くわつどう》するやうになつたら、須《すべか》らく功力卽《くりきすなは》ち練習《れんしふ》を倍加《ばいか》して全身《ぜんしん》に功《こう》が行《ゆ》き渡《わた》るやうにするがよい。さうすると膜《まく》は活動《くわつどう》を始《はじ》めて筋《すぢ》と一處《しよ》に堅《かた》くなつて、外《そと》は皮《かは》まで堅《かた》くする、そこで肉《にく》にも活氣《くわつき》が充滿《じうまん》して始《はじ》めて完全堅固《くわんぜんけんこ》なものとなるのである。

其《それ》をしないで筋《すぢ》に膜《まく》の助《たす》けがなかつたなら、譬《たと》へば植物《しよくぶつ》に沃土《ようど》の助《たす》けがないやうなもので、根本《こんぽん》に滋營《じえい》の養分《やうぶん》が無《な》いから枝幹《しかん》が枯《か》れ朽《く》ちてしまふ虞《おそれ》がある。其《それ》ではどうして功《こう》を全《まつた》ふすることが出來《でき》るものか。

第三　內壯論

內《うち》と外《そと》とは相對的《さうたいてき》で、壯《さう》と衰《すゐ》とも相對的《さうたいてき》でゐる。壯《さう》と衰《すゐ》とを較《くら》べると壯《さう》は羨《うらや》むべきものである。內《うち》と外《そと》とを較《くら》べると外《そと》の方《はう》が輕《かる》い。蓋《けだ》し內《うち》の壯《さう》なるを道《みち》と云《い》ひ、外《そと》の壯《さう》なるを勇《ゆう》と云《い》ふ。道《みち》は聖人《せいじん》の域《ゐき》に達《たつ》する階段《かいだん》に入《い》るもので、勇《ゆう》は俗人界《ぞくじんかい》に限《かぎ》られて居《を》るので其差《そのさ》は霄壤《せうじやう》も啻《たゞ》ならない。

凡《およ》そ內壯《ないさう》を錬《ね》るのには其《そ》の方則《はうそく》が三つある。一を守中《しゆちう》と云《い》ふ。此功卽《このこうすなは》ち練習《れんしふ》の要目《えうもく》は積氣《せきき》といつて活氣《くわつき》を積《つ》むのにある。下手卽《げしゆすなは》ち實行《じつかう》の法《はふ》の最《もつと》も妙味《めうみ》のある所《ところ》は揉《い》むのであつて、揉法《じうはふ》は後章《こうしやう》に說明《せつめい》する。

揉《い》む時《とき》に掌《てのひら》を著《つ》ける處《ところ》の胸《むね》の下《した》と腹《はら》の間《あひだ》を中《ちう》と云《い》つて、これが活氣《くわつき》を積《つ》む所《ところ》であるから須《すべか》らくよく之《こ》れを守《まも》らなくてはならぬ。眼《め》を明《あきら》かにし、耳《みゝ》を澄《す》まし、口《くち》を堅《かた》く結《むす》び、鼻《はな》で規則正《きそくただ》しく呼吸《こきふ》し、四肢《し》を動《うご》かさないで一意心《いこゝろ》を中處《ちうしよ》に存《そん》する。先《ま》づ存《そん》して後《のち》に忘《わす》れたなら、心身《しんしん》が共《とも》に次第《しだい》に漠々然《ばくくぜん》として確固《かくこ》となつて動《うご》かないやうになる。これが即《すなは》ち式《しき》に合《がつ》するのである。

揉《い》むと云《い》ふのは此《こ》のことを言《い》ふのである。守《まも》ると云《い》ふのも此《こ》のことである。則《すなは》ち一身《しん》の精氣《せいき》を神魂《しんこん》と共《とも》に注積《ちゆうせき》するので、之《こ》れを久《ひさ》しくすれば自然《しぜん》と無量《むりやう》の功力《くりき》を成就《じやうじゆ》するものである。若《も》しも雜念《ざつねん》が起《おこ》りて紛紜《ふんぷん》として外境《ぐわいきやう》に馳《は》せたら隨《したが》つて神氣《しんき》も凝《こ》り注《そゝ》がないで、折角揉《せつかくい》んだ處《ところ》も虚《うつろ》となつてしまふ。『萬他《まんた》に及《およ》ぼす勿《なか》れ』と云《い》ふ戒《いまし》めの言葉《ことば》があるのは此處《ここ》のことである。

人《ひと》の身體中《しんたいちう》の精血神氣《せいけつしんき》は自分《じぶん》から主《しゆ》となつて發動《はつどう》することが出來《でき》ないもので、悉《ことごと》く意《い》に從《したが》ふものである。即《すなは》ち意《い》が行《ゆ》けば神氣《しんき》が之《これ》に從《したが》つて行《ゆ》き、意《い》が止《と》まれば神氣《しんき》も亦之《またこれ》に從《したが》つて止《とま》るものである。故《ゆゑ》に守中《しゆちう》の時《とき》は一意專心《いせんしん》、掌《てのひら》を下《おろ》して能《よ》く守《まもり》をなさねばならぬ。若し一念《ねん》を掌《てのひら》の外《はか》に移《うつ》したり、或《あるひ》は意《い》を各肢體《かくしたい》に走《はし》らしたりすると、注《そゝ》いだ精氣《せいき》も隨《したが》つて各肢體《かくしたい》に走《はし》り去《さ》つてしまふ。卽《すなは》ち外壯《ぐわいさう》はできるけれども內壯《ないさう》はできない。『其《そ》の充周《じうしう》を持《ぢ》せよ』と云《い》ふ戒《いまし》めの言葉《ことば》は此處《ここ》のことである。揉法《じうはふ》が功法《こうはふ》に合《がつ》すれば氣《き》は漸次《ぜんじ》に正《たゞ》しく積《つ》んで來《く》る。精神《せいしん》が守《しゆ》に附《つ》いて外《はか》へ馳《は》せなければ、氣《き》は唯々《たゞ〳〵》中《うち》に蘊蓄《うんちく》されて決《けつ》して外《そと》に溢《あふ》れずに直《たゞ》に、眞《しん》の力《ちから》となる。力《ちから》を積《つ》むことが久《ひさ》しければ陰陽《いんやう》が足《た》り、效驗《かうけん》が現《あら》はれる。而《しか》して引《ひ》き續《つゞ》きて務《つと》めて怠《をこた》らなかつたなら、自然《しぜん》に神身《しんしん》が節々《せつ〳〵》堅壯《けんさう》となる。然《しか》るに若し精神《せいしん》が充周《じうしう》しないで、四肢《し》に走馳《そうち》するやうになつたら、啻《たゞ》に內壯《ないさう》が固《かた》まらないばかりでなく、外勇《ぐわいゆう》も亦完全《またくわんぜん》にならない。

第四　揉法

古語《こと》に『筋力《きんりよく》は磨勵《まれい》して後《のち》に壯《さう》なり』と言《い》つてゐるが、此《こ》の揉法《じうほふ》も亦《また》磨勵《まれい》の義《ぎ》に外《ほか》ならない。其《そ》の方則《はうそく》は三つある。卽《すなは》ち一は春月起功《しゆんげつきこう》すべしと云《い》ふことである。而《しか》して此《こ》の功《こう》には大約《たいやく》三段《だん》の順序《じゆんじよ》があつて、毎段《まいだん》の修業《しうげふ》は約《やく》百日《にち》を要《えう》する。最初《さいしよ》の行功《かうこう》は襟《えり》だけを解《と》いて胸《むね》を露《あら》はす。次段《じだん》から後《のち》の功行《こうかう》は身體全部《しんたいぜんぶ》を露《あら》はして行《おこな》ふのである。それ故《ゆゑ》二月《ぐわつ》の中旬《ちうじゆん》から始《はじ》めると、だん〳〵暖《あたゝか》くなつてゆくから大變《たいへん》に便易《べんい》である。

二に『揉《も》むには定式有《ぢやうしきあ》れよ』と云《い》ふのが原理《げんり》である。卽《すなは》ち五臟《ざう》の中《うち》にしても、右肺《うはい》、左肺《さはい》、右氣《うき》、左血《さけつ》と云《い》ふ工合《ぐあひ》に、凡《およ》そ揉《も》むのには右邊《うへん》から左邊《さへん》へと推《お》し向《む》けなければならぬ。蓋《けだ》し推氣《すいき》を血分《けつぷん》に入《い》れて其《そ》れを通融《つうゆう》させ、又《ま》た肺臟《はいざう》を取《と》つて右《みぎ》から揉《も》めば、肺《はい》を寬《ひろ》やかにして澤山《たくさん》に氣《き》を納《をさ》めることが出來《でき》る。揉《も》むには掌《てのひら》の力《ちから》を本《もと》としてやるのであるから、左《さ》までの勞力《らうりよく》を要《えう》しない。之《こ》れ本《もと》より自然《しぜん》のことである。

三に『揉《もむ》むことは宜《よろ》しく輕淺《けいせん》なるべし』と云《い》ふのが原理《げんり》である。凡《およ》そ揉《も》むの方法《はうはふ》は人功《じんこう》であるとは云《い》へ、その實法《じつはふ》は天道《てんだう》である。天地《てんち》の物《もの》の生《しやう》ずるのは漸次《ぜんじ》であつて決《けつ》して驟《には》かてはない。氣《き》が至《いた》れば自《みづか》ら生《しやう》じ、時《とき》が至《いた》れば自《みづか》ら成《な》るのである。揉《も》む方法《はうはふ》も之《こ》れを完成《くわんせい》するには、飽《あ》くまで徐々《じよ〱》に推《お》し搖《ゆる》がさねばならぬ。決《けつ》して驟《には》かにしたり、甚《はなはだ》しく重《おも》かつたり、深《ふか》か過《す》ぎたりしてはならぬ。是《こ》れが合法《がふはふ》である。

若《も》しも重過《おもす》ぎる時《とき》は皮膚《ひふ》を傷《きず》けて瘢《きず》や痕《かた》を生《しやう》じ、深過《ふかす》ぎる時《とき》は肌《はだ》や肉《にく》や筋《すぢ》や膜《まく》を傷《きず》けて腫《は》れたり熱《ねつ》を發《はつ》したりして、共《とも》によろしくない。

第五　陰陽配合論

天地《てんち》は一つの陰陽《いんやう》である。陰陽《いんよう》が互《たがひ》に相和《あひわ》し相交《あひまじは》つて始《はじ》めて萬物《ばんぶつ》は廣生《くわうせい》するのである。人身《じんしん》も亦《また》一つの陰陽《いんよう》である。陰陽《いんやう》が互《たがひ》に相悖《あひもと》り互《たがひ》に相勝《あひまさ》つたなら、どうして百病《ひやう》が起《おこ》らないと云《い》ふことが出來《でき》るか。是《こ》れは明白《めいはく》な理窟《りくつ》である。

たゞ天地《てんち》の陰陽《いんやう》は渾然《こんぜん》として太極大和《たいきよくたいわ》を保合《ほがふ》して其《そ》の自然《しぜん》に任《まか》しさへすれば、交和《かうわ》しないものは無《な》いが、人身《じんしん》の陰陽《いんやう》に至《いた》つては、本是《もとこ》れ天成《てんせい》であつて自分自身《じぶんじしん》に主宰《しゆさい》することが出來《でき》ない。之《こ》れを止《と》めて互《たがひ》に悖《もと》り勝《か》つことのないやうにする手段《しゆだん》はない。

然《しか》し此《こ》の功《こう》だけは陰陽交互《いんようかうご》の義順《ぎじゆん》を究《きは》めたもので、天成《てんせい》が移《うつ》つて人力《じんりよく》となり、陰陽《いんやう》の妙用《めうよう》を自分《じぶん》で操作《さうさ》することが出來《でき》る。其《そ》の相悖《あひもと》るのを和《やはら》げ、其《そ》の相勝《あひか》つのを濟《たす》けることは功《こう》さへ出來《でき》れば至《いた》つて容易《ようい》である。容易《ようい》ではあるが、而《し》かも天稟《てんぴん》の性分《しやうぶん》を受《う》けて之《こ》れを補《おぎな》ふのは、素《もと》より造化《ざうくわ》の機《き》に從《したが》はねばならないことで、決《けつ》して口先《くちさ》きの巧妙《かうめう》で出來《で》るものではない。但《たゞ》し此功《このこう》は本來內壯《ほんらいないさう》と云《い》ふのである。然《しか》るに最初《さいしよ》に先《ま》づ病者《びやうしや》に就《つい》て之《これ》を云《い》ふのは、蓋《けだ》し無病《むびやう》は正《まさ》に壯《さう》と云《い》ふので、壯《さう》でありさへすれば病《やまひ》なんかは毫《どう》も恐《おそ》れる必要《ひつえう》がないからである。此《こ》の理《り》は既《すで》に明白《めいはく》であるが、更《さら》に配合《はいがふ》の法《はふ》を研究《けんきう》して、會《ゑ》得入門《とくにふもん》に便易《べんい》にしやうと思《おも》ふ。

假《か》りに若《も》し人《ひと》の陽《やう》が衰《おとろ》へて、痿弱虛憊《いじやくきよはい》を患《うれ》ふ病者《びやうしや》があつたなら、少女《せうぢよ》や年若《としわか》い女《をんな》を使《つか》つて揉《も》ますがよい。蓋《けだ》し女子《ぢよし》は外《そと》は陰《いん》だが内《うち》は陽《やう》であるから、その陽《やう》を利用《りよう》して衰弱《すゐじやく》を助《たす》けるのである。之《こ》れに反《はん》して若《も》し陽《やう》が盛《さか》んで陰《いん》が衰《おとろ》へて、熱疾《ねつしつ》を患《うれ》ふ病者《びやうしや》があつたなら、少年《せうねん》や年若《としわか》い男《をとこ》を使《つか》つて揉《も》ますがよい。蓋《けだ》し男子《だんし》は外《そと》は陽《やう》だが内《うち》は陰《いん》であるから、その陰《いん》を利用《りよう》して、陽《やう》の盛《さか》ん過《す》ぎるのを制《せい》するのである。陰陽の兩氣互に相倚るのは理の當然である。若《も》し無病《むびやう》の人《ひと》が自己《じこ》の便利《べんり》に從《したが》つて、或《あるひ》は少年《せうねん》を或《あるひ》は少女《せうぢよ》を使《つか》つて、時々《ときどき》揉《も》まして陰陽《いんやう》を和《やはら》げたり、暢《の》ばしたりしたなら、其《それ》は甚《はなは》だ妙《めう》であるといはねばならぬ。

第六　功を行ふ時の輕重

初《はじ》めて功《こう》を行《おこな》ふ時《とき》は輕《かる》くやることが肝要《かんえう》である。從《したが》つて童子《どうじ》が力《ちから》を用《もち》ふるやうに無心《むしん》で平《たい》らに力《ちから》を用《もち》ひなければならぬ。一月《つき》たつて功《こう》を積《つ》み氣《き》が凝《こ》るやうになつたら、力《ちから》を强《つよ》めてよい。かやうに漸次《ぜんじ》力《ちから》を加《くは》へて行《ゆ》くのが原則《げんそく》である。どんなことがあつても俄《にはか》に度《ど》を增《ま》して激烈《げきれつ》にしてはならぬ。又猥《またみだ》りに法《はふ》に敎《をし》へてある以外《いぐわい》の要《い》らぬ事《こと》をして、皮膚《ひふ》を傷《きずつ》けるやうなことをしては可《い》けない。此點《このてん》はよく愼《つゝし》まねばならぬ。

第七　功を行ふ淺深

初《はじ》めて功《こう》を行《おこな》ふ時《とき》は淺《あさ》く揉《も》み、漸次《ぜんじ》に力《ちから》を加《くは》へる。さうすると次第《しだい》に氣《き》が凝《こ》つて或《あ》る程度《ていど》まで堅固《けんこ》さを増《ま》してくるが、何《なん》と云《い》つても浅《あさ》いと云《い》ふ範圍《はんゐ》を超《こ》えないやうにしなくてはならぬ。深《ふか》く進《すゝ》む時《とき》は漸次《ぜんじ》槌《つち》と杵《きね》とを使用《しよう》して打搗《うちつき》の法《はふ》を試《こゝろ》みねばならぬ。而《しか》も槌打《つちうち》はどちらかと云《い》へば浅《あさ》いので、眞《しん》に深《ふか》くするのは杵《きね》で搗《つ》く法《はふ》を用《もち》ひるのである。以上《いじやう》の三つを竝《なら》び行《おこな》つて、内《うち》も外《そと》も共《とも》に堅《かた》くなれば、それが正《たゞ》しく法《はふ》に合《かつ》したと云《い》ふものである。

第八　兩つの肋の内外を分ける説

功《こう》を積《つ》むこと百日《にち》を越《こ》えると、前胸部《ぜんきようぶ》の筋膜《きんまく》がむく〳〵と騰起《とうき》して、氣《き》が内《うち》に偏《あまね》く一ぱいに充《み》ち亘《わた》る。恰度《ちやうど》溢《あふ》れかけた河《かは》の水《みづ》のやうで、堤《つゝみ》に少《すこ》しの缺損《けつそん》でもあれば、其處《そこ》から滔々《たう〳〵》と奔流《ほんりう》して、到底《たうてい》防《ふせ》ぎ止《と》めることが出來《でき》ない。故《ゆゑ》に此頃《このごろ》になると能《よ》く注意《ちうい》して手足《てあし》の方《はう》に氣《き》を引《ひ》き入《い》れては可《い》けない。若《も》しも一度《ど》引《ひ》き取《と》られると、新《あたら》しく入《はい》つて來《く》る氣《き》も亦皆外方《またみなそと》へ注《そゝ》がれて外勇《ぐわいゆう》を成《な》し、散漫《さんまん》して凝《こ》らないから、其結《そのけつ》果《くわ》、內氣《ないき》と合《がつ》することが出來《でき》ない。從《したが》つて錬《ねり》が骨《ほね》に入《はい》らないから、內壯《ないさう》を成《な》さないのである。

然《しか》らば內《うち》へ入《い》れるのには如何《どう》するかと云《い》ふに、石袋《いしぶくろ》（後《のち》にあり）で心臟《しんざう》の口《くち》から兩《りやう》の肋《あばら》の稍々《やゝ》骨《ほね》と肉《にく》との間及臟腑《あひだおよびざうふ》に至《いた》るまで綿密《めんみつ》に擣《う》ち、同時《どうじ》に揉法《もみはふ》と打法《うちはふ》とを併《あは》せ行《おこな》へばよい。その順序《じゆんじよ》は先《ま》づ始《はじ》めに手《て》で揉み次《つぎ》に石袋《いしぶくろ》で擣《う》ち、續《つゞ》いて槌《つち》で打《う》つので、永《なが》い間《あひだ》行《おこな》ふ。暫《しばら》くやつてゐると、肺中《はいちう》の氣《き》と心臟《しんざう》の中《なか》の氣《き》とが會合《くわいがふ》して、新《あたら》しく入《はい》つて來《き》た氣《き》と今《いま》まで積《つ》んで充滿《じうまん》してゐた氣《き》とが循環《じゆんくわん》して骨《ほね》に入《はい》る。骨《ほね》に入《はい》るのにはちやんと路《みち》がついてゐるから、外方《そと》へ溢《あふ》れさへせねば美事《みごと》に入《はい》つて骨髓《こつずゐ》も亦《また》堅固《けんご》になり、斯《か》うして始《はじ》めて內壯《ないさう》を成《な》すのである。うまく內《うち》へ入《い》るか、それとも外《そと》へ逸《いつ》するかの兩途《りやうと》の分《わか》るゝ境目《さかひめ》であるから、充分《じうぶん》に注意《ちうい》して愼《つゝし》まねばならぬ。若《も》し功《こう》を行《おこな》ふてゐる最中《さいちう》に、愼《つゝし》みを忘《わす》れて輕《かる》〳〵しく力《ちから》を用《もち》ひ、弓《ゆみ》を引《ひ》いたり、毆《なぐ》り合《あ》つたり、重《おも》い物《もの》を持《も》つたり、振《ふ》り上《あ》げたりすると、内《うち》へ進《すゝ》む路《みち》を一氣《き》に開放《かいはう》して仕舞《しま》ふので、止《と》めても止《とま》らないで、縱令《たとひ》功《こう》を澤山《たくさん》に行《おこな》ふた所《ところ》で、永《なが》い間内《あひだうち》へ入《はい》ることが出來《でき》ない。大《おほい》に注意《ちうい》を要《えう》する。

第九　功を行ふ時の禁忌

功《こう》を初《はじ》めてから三百日間《にちかん》は房事《ばうじ》を控《ひか》え目《め》にせねばならぬ。蓋《けだ》し功《こう》は氣《き》を積《つ》むのを以《もつ》て主眼目《しゆかんもく》とし、且《か》つ精神之《せいしんこれ》に隨《したが》ふからである。初《はじ》めの百日間《にちかん》は全然性慾《ぜんぜんせいよく》を禁止《きんし》せねばならぬ。之《これ》を犯《はん》すと基礎《きそ》を破壞《はくわい》するからである。百二十日《にち》經《た》つた後《のち》に一度《ど》性慾《せいよく》を行《おこな》ふて永《なが》い間《あひだ》の留滯《りうたい》を疏通《そつう》するのがよい。其《それ》は多《おほ》くとも二度《ど》で、決《けつ》して三度《ど》行《おこな》ふてはならぬ。其後《そのご》も同樣《どうやう》の注意《ちうい》を要《えう》する。而《そ》して内外分界《ないぐわいぶんかい》の際《さい》には唯《たゞ》の一度《ど》でも女人《ぢよにん》に接《せつ》してはならぬ。それから下部《かぶ》の功《こう》を行《おこな》ふ時《とき》になつたら五十日目《にちめ》に一度《ど》接《せつ》して新陳代謝《しんちんたいしや》を行《おこな》ふがよい。其後《そのご》は愼《つゝし》んで堅《かた》く守《まも》り、壯《さう》の根本《こんぽん》を作《つく》ることに努《つと》め、精《せい》力《りよく》の浪費《らうひ》を戒《いまし》めねばならぬ。愼重《しんちよう》に愼重《しんちやう》を加《くは》へて、一旦功《たんこう》が成《な》つた曉《あかつき》は最早《もはや》氣《き》が堅固《けんご》であるから、房事《ばうじ》の制限《せいげん》も不必要《ふひつえう》となる。

要《えう》するに順當《じゆんたう》の道《みち》を取《と》つてゆくのは尋常人《じんじやうじん》のやることとて、逆《ぎやく》に取《と》つてゆくのは仙《せん》者《じや》のやることとてある。素《もと》より肉體《にくたい》を離《はな》れての事《こと》でないから、凡人《ぼんじん》と聖人《せいじん》とを一緒《しよ》にして語《かた》るべきではない。然《しか》し此篇《このへん》に論《ろん》ずる所《ところ》は最早《もはや》男《をとこ》一疋《ぴき》となつて絶慾《ぜつよく》と云《い》ふことは不可能《ふかのう》となつた者《もの》の爲《ため》に、聊《いさゝ》か敎戒指導《けうかいしだう》するのみならず、實《じつ》は遂《つひ》に能《よ》く禁止《きんし》することが出來《でき》れば、功果《こうくわ》を倍加《ばいか》するからである。況《いは》んや功《こう》が積《つ》んで或《あ》る程度《ていど》に達《たつ》したならば凡人《ぼんじん》をして聖人《せいじん》の域《ゐき》に入《い》らしめることが出來《でき》る。人間《にんげん》既《すで》に仙佛者《せんぶつしや》となつたならば、誰《た》れか又嗜慾《またしよく》に耽《ふけ》る者《もの》があらうか。天下《てんか》の學者諸君《かくしやしよくん》希《ねが》はくば此篇《このへん》で説《と》く所《ところ》の眞意《しんい》を諒解《りやうかい》せられ度《た》い。

第十　木槌杵式

木杵《きね》も木槌《きづち》も共《とも》に堅木《かたぎ》で作《つく》るが、降眞香《かうしんかう》が最上等《さいじやうとう》で、文檀《ぶんたん》、紫檀《したん》、白檀《びやくたん》、花梨《くわれい》、鐵力《てつりき》等《とう》が之《これ》に次《じ》ぐ。杵《きね》の頭《あたま》は尖《とが》つて稍々《やゝ》圓《まる》く、槌《つち》の頭《あたま》は圓《まる》くて稍々《やゝ》長《なが》く、どちらも中程《なかほど》の處《ところ》を少《すこ》しく厚肉《あつにく》にすること圖《づ》の如《ごと》くにする

杵　式

槌式

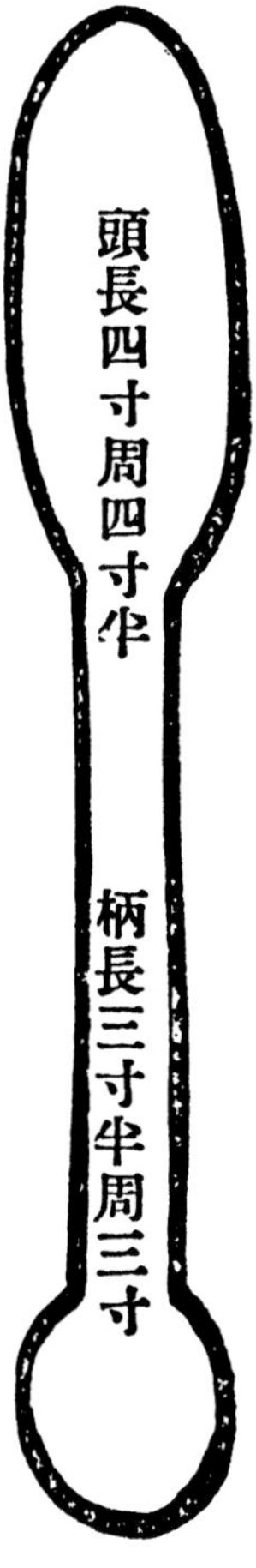

用法《ようはふ》は杵《きね》は深《ふか》く徹底的《てつていてき》に搗《つ》き、槌《つち》は廣《ひろ》く萬偏《まんべん》なく打《う》ち、初《はじ》めは輕《かる》く後《のち》に重《かさ》くする。手《て》に力《ちから》を入《い》れるのには均等《きんとう》にし、早《はや》からず遲《おそ》からずせねばならぬ。

第十一　石袋式

木《き》杵《ね》と木《き》槌《づち》とは肉附《にくつき》の豐《ゆた》かな所《ところ》に用《もち》ひ、骨高《ほねだか》い所《ところ》は石袋《いしぶくろ》で打《う》つ。石《いし》はまん圓《まる》くて角立《かどだ》たないものを採用《さいよう》し、大《おほ》きいのは葡萄《ぶだう》位《ぐらゐ》で小《ちひ》さいのは梧の實《み》位《ぐらゐ》のものがよい。水中《すゐちう》にある物《もの》を好《この》んで取《と》るべきであるが、山中《さんちう》の物《もの》は燥《かは》きすぎて火氣《くわき》が多過《おほす》ぎるし、土《と》中《ちう》の物《もの》は欝氣《うつき》が多《おほ》くて宣《の》びく／＼しないし、又稜角《またかど》ばつて痩《や》せて尖《とが》つてゐるのは筋骨《きんこつ》を傷《きず》つけて可《い》けないから使用《しよう》してはならぬ。

石袋式

袋《ふくろ》は細布《ほそぬの》で圓筒形《えんとうけい》に縫《ぬ》ひ、兩方《りやうはう》の頭《あたま》が尖《とが》つて中間《ちうかん》を細《ほそ》くすること圖《づ》の如《ごと》く、大小《だいせう》四五枚《まい》を作《つく》る。大《おほ》きいのは長《なが》さ八寸《すん》、次《つぎ》は六寸《すん》、五寸《すん》、三寸《ずん》で、周圍《しうゐ》は長短《ちやうたん》に從《したが》つて增減《ぞうげん》する。石《いし》の分量《ぶんりやう》は約半斤《やくはんぎん》を普通《ふつう》とするが大《だい》なるものは一斤《きん》、最大《さいだい》のものは、二十兩《りやう》（一兩《りやう》は我《わ》が四匁《もんめ》）を入《い》れる。石《いし》の組《く》み合《あは》せは大小相半《だいせうあひなかば》し、搖《ゆ》り動《うご》かしても音《おと》がしない樣《やう》に堅實《けんじつ》に納《い》れねばならぬ。永《なが》く打《う》つても變異《へんい》がないのが上等《じやうとう》で、完全《くわんぜん》

な石袋《いしぶくろ》て續《つゞ》けて搗打《つきうち》して居《を》れば、骨《ほね》の縫目《ぬひめ》の膜々《まく〳〵》が皆堅壯《みなけんさう》になること請合《うけあひ》てある。

第十二　日の精と月の華

凡《およ》そ萬物《ばんもつ》の生《しやう》ずるは太陽《たいやう》の精《せい》と月《つき》の華《くわ》との二氣《き》が交合融和《かうがふゆうわ》して出來《でき》るのである。古人《こじん》は善《よ》く此理《このり》を知《し》つて之《これ》を採取《さいしゆ》しさうして聖人《せいじん》の域《ゐき》に達《たつ》したが、其法《そのはふ》は秘密《ひみつ》で、知《し》つて居《を》る者《もの》は極《きは》めて稀《ま》れてある。まして志《こゝろざし》堅《かた》からず恒《つね》の心《こゝろ》のない凡庸人《ぼんようじん》には分《わか》らう筈《はず》はなく、無駄《むだ》に時間《じかん》を費《つひや》すばかりて實效《じつかう》を收《をさ》め得《え》ない。

然《しか》しながら心《こゝろ》がけの良《よ》い者《もの》は初功《しよこう》より始《はじ》めて功《こう》を成《な》すに及《およ》んでも、尙終身修練《なほしゆうしんしうれん》を止《や》めない。行功《かうこう》に間斷《かんだん》がないから淸《きよ》らかな陰陽《いんやう》の兩氣《りやうき》が濁《にご》つた愚氣《ぐき》を洗《あら》ひ流《なが》して、淸靈《せいりやう》を暢達《ちやうたつ》させ、毫《どう》も疾病《しつぺい》に犯《をか》さるゝことがなく、日《ひ》に〳〵智能《ちのう》を啓發《けいはつ》して其利益《そのりやく》が莫大《ばくだい》てある。精《せい》と華《くわ》とを採咽《さいいん》するには毎月《まいつき》一日《じつ》と十五日《にち》とを選《えら》ぶ。それは一日《じつ》は日《ひ》と月《つき》とが初《はじ》めて交《まじは》り其《その》氣《き》が清新《せいしん》であり、十五日《にち》は金水《きんする》が滿《み》ち溢《あふ》れて其《その》氣《き》が旺盛《わうせい》だからである。若《も》し一日《じつ》と十五日《にち》とが雨天《うてん》の時《とき》は二日《か》か三日《か》、十六日《にち》か十七日《にち》に行《おこな》へば可《い》い。此等《これら》の兩日以後《りやうじついご》は氣《き》が虚《うつろ》となつてゐるから、止《や》めて翌月《よくげつ》又《また》行《や》り直《なほ》すことにせねばならぬ。

扨《さ》て愈々《いよ〳〵》一日《じつ》に行《や》るとなると、日《ひ》の出《で》と共《とも》に起《お》き出《い》て、高處《かうしよ》に登《のぼ》り、太陽《たいやう》に面《めん》して正坐《せいざ》し、齊正《せいせい》に鼻《はな》で息《いき》をし、先《ま》づ火筆《くわひつ》（桐炭《きりずみ》等《とう》にて造《つく》れる燒筆《やきひつ》の類《るゐ》）を以《もつ》て上顎《じやうかく》に『煜《いく》』の字《じ》を書《しよ》し、その後《あと》で息《いき》で光華《くわうくわ》（太陽《たいやう》の光線《くわうせん》のこもつた空氣《くうき》）を吸收《きふしう》して口《くち》一ぱいに滿《み》たさせ、一旦息《たんいき》を止《と》めて精神《せいしん》を凝《こ》らして細々《こま〴〵》と咽《の》み下《くだ》し、心持《こゝろもち》と一緒《しよ》に之《これ》を丹田《たんでん》（臍《へそ》の下《した》）へと送《おく》り藏《をさ》める。之《これ》を以《もつ》て一咽《いん》とする。七咽《いん》した後約半時《のちやくはんじ》の間靜坐《あひだせいざ》を續《つゞ》けて、後《のち》止《や》めて歸《かへ》る。十五日《にち》に行《や》るのには月《つき》の將《まさ》に中天《ちうてん》に懸《か》からんとする時《とき》に於《おい》てする。先《ま》づ火筆《くわひつ》を以《もつ》て上顎《じやうかく》に『煜《いく》』の字《じ》を書《しよ》し、次《つい》で一日《にち》の時《とき》と同《おな》じ要《えう》領《りやう》て七咽《いん》する。

此法《このほふ》は淺深《せんしん》を見計《みはか》つて行《おこな》ふのを方則《はうそく》とし、即《すなは》ち初《はじ》めは吸氣《きふき》を上丹田《じやうたんでん》に貯《たくは》へ、三月《ぐわつ》以後《いご》は中丹田《ちうたんでん》に貯《たくは》へ、通氣自在《つうきじざい》となるに至《いた》らば精神《せいしん》を臍《へそ》の後《うし》ろに凝《こ》らし、ぐつと一息《いき》に下丹田《げたんでん》へ送《おく》り入《い》れる。

斯《か》くして日月《にちげつ》の精華《せいくわ》を採《と》つて積《つ》むこと厚《あつ》ければ、氣《き》の通行《つうかう》するに隨《したが》ひ全身《ぜんしん》を灌《そゝ》ぎ鍊《きた》へて、渣穢《けがれ》が澄《す》んで靈光《れいくわう》が充滿《じうまん》する。是《こ》れ吾人《ごじん》が感得《かんとく》すべき利益《りやく》である。即《すなは》ち人《ひと》を以《もつ》て天《てん》に通《つう》じ、天《てん》を以《もつ》て人《ひと》を鍊《ね》るの實功《じつこう》であつて、我《わ》が易筋經《えききんきやう》の至要《しえう》の元素《げんそ》である。火筆《くわひつ》の尖端《せんたん》だも忽《ゆるがせ》にせず、愼重《しんちやう》の態度《たいど》を以《もつ》て始終《しじう》せねばならぬ。

第十三　心を觀じて本に返る

抑《そも》も人《ひと》は母《はゝ》の胎内《たいない》に於《おい》て人間《にんげん》たるの形骸《けいがい》を備《そな》へるの初《はじめ》に當《あた》り、先天的《せんてんてき》に元氣《げんき》は下《げ》丹田《たんでん》、臍《へそ》の穴《あな》に根生《こんしやう》するものである。やがて生《う》まれ出《い》づると上丹田《じやうたんでん》の中心《ちうしん》にと半《なかば》を分《わか》ち、次《つい》で成長《せいちやう》するに從《したが》ひ耳《みゝ》や目《め》や鼻《はな》や兩手《りやうて》兩足《りやうあし》等《とう》全身《ぜんしん》に分流《ぶんりう》し、既《すで》に壯年《さうねん》と成《な》るの後《のち》は次第《しだい》に陰陽《いんやう》の爲《ため》に消耗《せうまう》され、更《さら》に思慮《しりよ》嗜慾《しよく》の爲《ため》に傷《きずつ》けられて、陽氣《やうき》は益々《ますく》缺乏《けつぼふ》して仕舞《しま》ふ。

故《ゆゑ》に大人《だいにん》にして功《こう》を行《おこな》ふ者《もの》は、是非《ぜひ》先《ま》づ觀心《くわんしん》と洗心《せんしん》との二法《はふ》を行《おこな》ふて、元氣《げんき》が五官《くわん》と全身《ぜんしん》に散《さん》じようとするを再《ふたゝ》び上丹田《じやうたんでん》の中《うち》へ返《かへ》し、鉛汞《えんこう》（藥名《やくめい》）を併《あは》せ服用《ふくよう》すれば、積《つ》もつた元氣《げんき》も附着《ふちやく》するのに據《よ》り所《どころ》があつて、修練《しうれん》に無駄《むだ》がない。

觀心《くわんしん》の法《はふ》を行《おこな》ふには、先《ま》づ心《こゝろ》を清淨《しやうじやう》にし、午前零時《ごぜんれいじ》より正午《しやうご》に至《いた》る間《あひだ》、往《ゆ》くも、坐《すわ》るも、臥《ふ》すも、其《そ》の如何《いかん》を問《と》はず、毎《つね》に身《み》を正《たゞ》しくして注意《ちゆうい》を怠《おこた》らず、耳《みゝ》他處《よそ》聞《き》きせず、眼《め》傍見《わきみ》せず、活眼《くわつがん》を開《ひら》いて自《みづか》らの心《こゝろ》を觀察《くわんさつ》省慮《しやうりよ》し、鼻《はな》で天地《てんち》の清氣《せいき》を吸入《きふにふ》し、口《くち》から腸胃《ちやうゐ》の濁氣《だくき》を吐《は》き出《だ》し、清氣《せいき》は心持《こゝろもち》と一緒《しよ》に普《あまね》く身體《からだ》中《ちう》に達《たつ》せしめるのてある。呼吸《こきふ》は必《かなら》ず多《おほ》く吸《す》うて少《すこ》しく吐《は》き、素直《すなほ》に怠《おこた》らず、徐々《じよく》に續《つゞ》けてやらねばならぬ。又《ま》た正午《しやうご》から午後《ごご》十二時《じ》に至《いた》る間《あひだ》に洗心退藏《せんしんたいざう》の法《はふ》を行《おこな》ふのが法《はふ》である。經《きやう》に『久《ひさ》しく上田《じやうでん》を視《み》れば則《すなは》ち神長生《しんちやうせい》す』と云《い》ひ、訣《けつ》に『元神《げんしん》一たび出《い》づれば則《すなは》ち收《をさ》め、來神《らいしん》一たび返《かへ》れば身中《しんちう》の氣《き》自《おのづか》ら回《かへ》る』と云《い》ふて居《ゐ》るのは此處《こゝ》のことで、斯《か》くの如《ごと》く朝《あさ》な夕《ゆふ》なに行《おこな》ふたならば、自然《しぜん》に生《うま》れた儘《まゝ》の赤子《あかご》同樣《どうやう》の靈胎《れいたい》を產《さん》する。蓋《けだ》し觀心《くわんしん》と洗心《せんしん》とを交互《かうご》に行《おこな》ふのは卽《すなは》ち赤子《あかご》の心《こゝろ》で、元氣《げんき》が中心《ちうしん》に歸《かへ》れば從《したが》つて精《せい》氣《き》と精神《せいしん》とが凝《こ》り合《あ》ふ。故《ゆゑ》に靈胎《れいたい》と云《い》ふのである。

第十四　心を洗ひ藏に退む

午前零時《ごぜんれいじ》より正午《しやうご》に至《いた》る間《あひだ》卽《すなは》ち午前《ごぜん》は陽《やう》に屬《ぞく》し、之《これ》を上《かみ》六時《じ》となし、正午《しやうご》より午《ご》後《ご》十二時《じ》に至《いた》る間《あひだ》卽《すなは》ち午後《ごご》は陰《いん》に屬《ぞく》して、之《これ》を下《しも》六時《じ》となし、退藏《たいざう》の法《はふ》は下《しも》六時《じ》の間《あひだ》にするのである。それと云《い》ふのも此《こ》の時間《じかん》は陰氣《いんき》が萬事《ばんじ》を主宰《しゆさい》するので、これて陰《いん》氣《き》を吸收《きふしう》し得《う》るからてある。

吸氣《きふき》するには均等《きんとう》に鼻《はな》で息《いき》をし、靜坐《せいざ》して想《おもひ》を眉毛《まゆげ》の間《あひだ》に置《お》き、午前中《ごぜんちう》に吸《す》ふた清氣《せいき》が普《あまね》く身體《からだ》中《ちう》に充《み》ちてゐるのを、心持《こゝろもち》と一緒《しよ》に同《おな》じく眉毛《まゆげ》の間《あひだ》に到達《たうたつ》せしめる。呼吸《こきふ》は微々《びゝ》に行《おこな》ふて、腦《なう》の後《うし》ろから漸次《ぜんじ》に下《くだ》り、脊《せ》の兩側《りやうがは》を通《とほ》つて左右兩腎《さいうりやうじん》の間《あひだ》に至《いた》り、今《いま》一度《ど》睾丸《かうぐわん》を通過《つうくわ》して元《もと》へ上《のぼ》り、頭《あたま》の天邊《てつぺん》を越《こ》して前面《ぜんめん》に下《お》りて咽喉《いんこう》に達《たつ》し、更《さら》に咽喉《いんこう》の下《した》に走《はし》つて遂《つひ》に上丹田《じやうたんでん》に達《たつ》し、其中《そのなか》に貯藏《ちよさう》すべきてある。必《かなら》ずしも咽數《いんすう》を限《かぎ》らず、暇《ひま》さへあれば行《おこな》ふがよい。斯《か》くの如《ごと》くすること三百日《にち》なれば、氣《き》が積《つも》つて液《えき》を生《しやう》じ、液《えき》が積《つも》つて精《せい》を生《しやう》ずる。此《こゝ》に於《おい》てか別《わか》れたる母《はゝ》と子《こ》も再《ふたゝ》び合《がつ》し、破鏡《はきやう》の嘆《たん》を發《はつ》した夫婦《ふうふ》も重《かさ》ねて圓滿《ゑんまん》に元《もと》の鞘《さや》に納《をさ》まることが出來《でき》る。

第十五　法輪自ら轉ず

功《つ》を行《おこな》ふて氣《き》を積《つ》むと、大抵《たいてい》は壅滯《ふさがりとゞこうり》があるものである。故《ゆゑ》に此法《このはふ》を以《もつ》て和《やわ》らげねばならぬ。即《すなは》ち功《こう》を終《をは》る毎《ごと》に一時間《じかん》ばかり靜坐《せいざ》して、均等《きんとう》に鼻《はな》で息《いき》をし、耳目《じもく》を内心《ないしん》に歸《き》せしめて、恰《あたか》も左《ひだり》に青龍《せいりう》が潜《ひそ》み、右《みぎ》に白虎《びやくこ》が伏《ふ》してゐる心持《こゝろもち》て、一心不《しんふ》亂《らん》になり、右手《めて》て拳《こぶし》を握《にぎ》つて腹《はら》の中央臍《ちうあうへそ》の上《うへ》に當《あ》て、初《はじ》めは小《ちひ》さく終《をは》りに大《おほ》きく、左《ひだり》の方《はう》へ三十六回轉回《くわいてんくわい》し、次《つぎ》に初《はじ》めは大《おほ》きく、終《をは》りに小《ちひ》さく右《みぎ》の方《はう》へ三十六回轉回《くわいてんくわい》す。宜《よろ》しく速《はや》からず又遲《またおそ》からず、規則正《きそくたゞ》しい速度《そくど》で圓滑《ゑんこつ》に回轉《くわいてん》さすれば、必《かなら》ず得《う》る所《ところ》がある。

此《こ》の法輪自轉《はふりんじてん》と觀心返本《くわんしんへんぽん》と洗心退藏《せんしんたいざう》との三者《しや》は、共《とも》に初功《しよこう》より成功《せいこう》に至《いた》るまで決《けつ》して怠《をこた》りがあつてはならぬ。誠《まこと》に内功《ないこう》を遂《と》げる秘傳《ひでん》である。

第十六　根に歸り命を復す

純陽《じゆんやう》は仙《せん》て純陰《じゆんいん》は鬼《き》てある。けれども陽《やう》が滯《とゞこ》つて宣《の》ばないと亢《たか》ぶり晦《くら》くなつて氣が反《かへ》て濁《にご》り戻《もど》るが、反對《はんたい》に陰《いん》が順序《じゆんじよ》よく通行《つうかう》すると柔順《じうじゆん》となつて體《からだ》が清淳《せいじゆん》なものと化《くわ》する。それと云《い》ふのも元來《ぐわんらい》陰《いん》は靜《しづ》かて動《うご》き難《かた》いが、陽《やう》は動《うご》き易《やす》いからてある。故《ゆゑ》に此功《このこう》では、濁陰《だくいん》を清陰《せいいん》に導化《だうげ》するのを以《もつ》て妙作用《めうさよう》となし、清陽《せいやう》を益々《ますく》充《みた》し暢《の》ばすのを以《もつ》て本旨《ほんし》とするのてある。尤《もつと》も上述《じやうじゆつ》の諸論中《しよろんちう》には時々《じゝ》それとなく述《の》べて置《お》いたが、未《いま》だ明確《めいかく》に說明《せつめい》しなかつたのは、其時分《そのじぶん》では恐《おそ》らく修學者《しうがくしや》が未《ま》だ曉《さと》ることが出《で》來《き》ないと思《おも》ふたからて、今度《こんど》此處《ここ》に改《あらた》めて說《と》く次第《しだい》てある。

抑《そも》もかの所謂《いはゆる》金剛體《こんがうたい》を具《そな》ふるに至《いた》つた者《もの》は　功《こう》をやり過《す》ぎないことが肝要《かんえう》てある。力《ちから》さへ完全《くわんぜん》に足《た》りれば清陽《せいやう》の氣《き》が充實《じうじつ》して自在《じざい》に流行《りうかう》し、毫《ご》の毛程《けほど》の濁陰《だくいん》が無《な》いからである。又《ま》た揉打《もみうち》の功《こう》にしても、力《ちから》を外《そと》に致《いた》せば勿論《もちろん》清陽《せいやう》を鼓舞奮發《こぶふんぱつ》さすことが出來《でき》るが、若《も》しも内《うち》に十分《ぶん》に充積《じうせき》した基《もとゐ》が無《な》かつたならば、是《こ》れ恰《あたか》も水《みづ》に源《みなもと》のないやうなもので、決《けつ》して完全《くわんぜん》とは云《い》へない。日月精華《にちげつせいくわ》の功《こう》は一箇月以内《かつきいない》で之《これ》を終了《しうれう》し、觀心洗心《くわんしんせんしん》の功《こう》は開始前《かいしまへ》と行功《かうこう》の暇《ひ》ま〱に修業《しゆげふ》を積《つ》むのであるが、開始後每日《かいしごまいにち》早朝《さうてう》に行《おこな》ふ今一《いまひと》つの内功《ないこう》ハある。之《これ》を歸根復命《きこんふくめい》と謂《い》ふて清陽《せいやう》を充積《じうせき》するのに大切《たいせつ》な務《つとめ》である。此功《このこう》によつて力《ちから》を内《うち》へ致《いた》せば氣《き》を積《つ》むことが厚《あつ》く、又《ま》た力《ちから》を外《そと》へ致《いた》せば氣《き》を流行《りうかう》さすことが明確《めいかく》で、陽《やう》として宣《の》ばざるはなく、陰《いん》として化《くわ》せざるはなく、純陽《じゆんやう》を充分《じうぶん》に積《つ》むことが出來《でき》る。

歸根復命《きこんふくめい》の方法《はうはふ》は曉《あかつき》に目《め》が覺《さ》めた時《とき》、着物《きもの》の胸《むね》を披《ひら》いて東《ひがし》に向《むか》つて坐禪《ざぜん》を組《く》み、七回若《くわいも》しくは十四回濁氣《くわいだくき》を吐《は》き出《だ》し、次《つい》で掌《てのひら》を合《あは》せて摩擦《まさつ》すること三十六回《くわい》、兩手《りやうて》を以《もつ》て顔面《かんめん》を摩擦《まさつ》すること三十六回《くわい》、上齒《うはば》と下齒《したば》とを嚙《か》み合《あ》ふこと三十六回《くわい》して身《しん》心共《しんとも》に悉《ことごと》く醒《さ》まさせ、緊沙迦羅《キンシヤカラ》なる四字《じ》の密呪《みつじゆ》を口《くち》の中《うち》で誦《しよう》ずる。十二遍誦《へんとな》へて次《つぎ》に唵嘛呢叭迷吽《オンマニパトウイン》なる六字《じ》の密呪《みつじゆ》を同様《どうやう》に口《くち》の中《うち》で誦《しよう》ずる。二十四遍誦《へんとな》へて後《のち》に想《おもひ》を臍《へそ》に注《そゝ》ぎて、心中《しんちう》に積《つ》んだ氣《き》も、腎中《じんちう》に凝集《ぎしゆう》した液《えき》も共《とも》に臍下丹田《せいかたんでん》の中《なか》へと送《おく》り入《い》れる。然《しか》る後《のち》に鼻《はな》で均等《きんとう》に息《いき》をし、十度目《たびめ》に吸氣《きうき》した後《のち》に鼻《はな》を閉《と》ぢて咽《の》み下《くだ》し、連續吸咽《れんぞくきふいん》して中丹田《ちつたんでん》へと下達《げたつ》させ、次《つぎ》に更《さら》に呼吸《こきふ》を整《とゝの》へて和《やわ》らげ順調《じゆんてう》にする。十息《いき》を以《もつ》て一間合《まあひ》として、咽氣《いんき》を三口《くち》するので、都合《つがふ》一百二十息《いき》三十六咽《いん》して再《ふたゝ》び法輪《ほふりん》自轉《じてん》の功《こう》を行《おこな》ひ、その後始《のちはじ》めて身《み》を起《おこ》すのである。

吸氣訣《きうきけつ》に『三十六咽《いん》は一咽《いん》である。故《ゆゑ》に先《ま》づ氣《き》を吐《は》くには細〳〵《こま〴〵》と吐《は》き、氣《き》を納《をさ》めるには綿〳〵《めん〳〵》と納《をさ》めよ』と云《い》ふて居《ゐ》るのは、經《きやう》に所謂《いはゆる》久《ひさ》しく中田《ちうでん》を視《み》れば氣《き》が長生《ちやうせい》する者《もの》と同《おな》じことである。而《そ》して凡《およ》そ心氣《しんき》を吸《す》ふには鼻《はな》を以《もつ》てするが呼《は》くのには必《かなら》ず口《くち》を以《もつ》てするは、それは天《てん》の門《もん》が清陽《せいやう》を入《い》れ、地《ち》の戸《と》が濁陰《だくいん》を出《だ》すことは天然自然《てんねんじぜん》の理《り》だからである。

第十七　初月に行ふべき功

功《こう》を始《はじ》める時《とき》少年《せうねん》四人《にん》を撰擇《せんたく》して交代《かうたい》に揉《も》ませるのであるが、少年《せうねん》を使用《しよう》するのは一には力《ちから》が小《せう》なる爲《ため》に揉《も》むのに強過《つよす》ぎない點《てん》をとり、一には年若《としわか》い爲《ため》に血氣《けつき》が充實《じうじつ》して居《を》る點《てん》を取《と》るのである。

扨《さ》て功《こう》を行《おこな》ふのには毎日早朝《まいにちさうてう》歸根復命《きこんふくめい》を一通《ひととほ》り行《おこな》つた後《のち》身《み》を起《お》こして乾沐浴《かんもくよく》（乾《かん》布摩擦《ぶまさつ》）をなし内壯藥《ないさうやく》を服用《ふくよう》し、藥《くすり》が最早《もはや》廻《まは》つたと思《おも》ふ頃《ころ》揉法《もみはふ》を始《はじ》める。それには襟《えり》を開《ひら》いて仰向《あをむ》けに臥《ふ》し、少年《せうねん》をして片手《かたて》を心臟《しんざう》の下方《かはう》臍《へそ》の上方《じやうはう》の中間適當《ちうかんてきたう》の處《ところ》に接《せつ》して、右《みぎ》から左《ひだり》に向《む》けて推《お》すやうにして揉《も》み始《はじ》めさす。徐々《じよ〳〵》に往來《わうらい》し、平均《へいきん》に揉《も》んで、決《けつ》して掌《てのひら》を亂雜《らんざつ》に使《つか》つたり、皮膚《ひふ》から離《はな》したり、飛《と》び〳〵に揉《も》んだりしてはならぬ。手《て》が疲《つか》れたら他《た》の一人《にん》と交代《かうたい》してやらせる。揉《も》む時《とき》に虚心平氣《きよしんへいき》て、傍目《わきめ》も振《ふ》らず一心不亂《しんふらん》に行《おこな》へば、精氣精神《せいきせいしん》が皆《み》なたゞ一《ひと》つの掌《てのひら》の下《もと》に集合附隨《しふかふふずゐ》する。この度合《どあひ》を忘《わす》れてならぬ。若《も》しも氣合《きあひ》が籠《こも》つて手《て》と心《こゝろ》が一致《ち》し、誠《まこと》に具合《ぐあひ》よく揉《も》まれて、思《おも》はず知《し》らず熟睡《じゆくすい》したならば、それこそ最《もつと》も妙《めう》て、目《め》が覺《さ》めて自分《じぶん》てやるよりか遙《はる》かに勝《ま》してある。功《こう》が終《をは》れば靜坐《せいざ》すること半時《はんじ》間《かん》、法輪自轉《はふりんじてん》を行《おこな》ひその後《ご》起《た》つて行動《かうどう》し、飲食《いんしよく》もするが、暇《ひま》あれば觀心洗心《くわんしんせんしん》を行《おこな》ふがよい。以後《いご》は毎日之《まいにちこれ》に準《じゆん》する。

功《こう》を行《おこな》ふ時間《じかん》は毎回約《まいくわいやく》一時間《じかん》て、朝《あさ》と晝《ひる》と晩《ばん》との三回行《くわいおこな》ふ。若しも元氣旺盛《げんきわうせい》の少《せう》年《ねん》を使用《しよう》して朝晩《あさばん》二度丈《どだ》けてすますと、恐《おそ》らくは急激《きふげき》すぎて他《た》の害毒《がいどく》を致《いた》すてあらう。

要《えう》するに功《こう》を始《はじ》める前《まへ》に先《ま》づ實施豫定表《じつしよていへう》を作定《さくてい》し、飲食《いんしよく》から起居動作《ききよどうさ》、休息睡眠《きうそくすゐみん》に至《いた》るまで、萬事萬端《ばんじばんたん》規則正《きそくただ》しく計畫通《けいくわくどほ》りに遵奉《じゆんはう》して誤《あやま》らないやうにせねばならぬ。

第十八　二月に行ふの功

功《こう》を始《はじ》めて一箇月《かげつ》たつと氣《き》が最早凝集《もはやぎやうしふ》して、何《な》んとなく氣分《きぶん》が寛大《くわんだい》となるのを覺《おぼ》え、兩横腹《りやうよこはら》の筋肉《きんにく》がむく〱と起《お》きて、幅《はゞ》も一寸餘《すんあまり》となり、氣合《きあひ》を籠《こ》めて力《ちから》を入《い》れると、木片《もくへん》のやうに硬《かた》くなる。是《こ》れ功《こう》のあつた驗《しるし》である。

此時《このとき》になると片手《かたて》の外《ほか》に更《さら》に片手《かたて》を傍《そば》に添《そ》え、兩手《りやうて》で前法《ぜんはふ》の如《ごと》く揉《も》み始《はじ》める。その兩方《りやうはう》の肋《あばら》の間《あひだ》で心臓《しんざう》と腹《はら》との中間《ちうかん》に軟《やは》くて窪《くぼ》んだ所《ところ》があるが、これは膜《まく》の深度《しんど》が皮肉《ひにく》の下《した》と筋《すぢ》とに因《よつ》て差異《さい》があるからである。此處《こゝ》は揉《も》んでも効《き》き目《め》がないから、木杵《きね》で擣《う》たねばならぬ。久《ひさ》しく續《つゞ》けて擣《う》つてゐる中《うち》に膜《まく》が浮《う》き上《あが》るように起《お》きて皮《かは》も筋《すぢ》も同様《どうやう》に氣《き》が堅固《けんご》となつて、軟《やは》ら味《み》も窪《くぼ》みも無《な》くなつて仕舞《しま》ふ。是《こ》れを法《はふ》に合《がつ》したと謂《い》ふのである。

第十九　三月に行ふの功

功《こう》が二箇月《かげつ》に滿《み》ちると、身體各處《しんたいかくしよ》の窪《くぼ》みが此《こゝ》に至《いた》りて皆漸《みなやうや》く起《お》きて來《く》る。そこで木槌《きつち》を以《もつ》て輕々《かるかる》に打《う》ち、尙兩橫腹《なほりやうよこはら》を片手《かたて》で一揉みした後《あと》を木杵《きね》を以《もつ》て法《はふ》の如《ごと》くに擣《う》つ。終《をは》つて再《ふたゝ》び兩橫腹《りやうよこはら》と兩肋《りやうあばら》とを、少《すこ》しく手《て》を開《ひら》いて各片手《かくかたて》で法《はふ》の如《ごと》くに揉《も》む。

第二十　四月に行ふの功

功《こう》が三箇月《かげつ》に至《いた》ると、三回槌打《くわいつちうち》を行《おこな》ふ外《ほか》に、二回《くわい》は先《ま》づ杵《きね》で擣《う》つて後《のち》に槌《つち》で打《う》つ。功《こう》が百日《にち》を逾《こ》える頃《ごろ》になると氣《き》が滿《み》ちて筋《すぢ》が堅《かた》くなり、膜《まく》は皆騰起《みなとうき》する。これこそ驗《しるし》があつたのである。

第二十一　五月より八月にかけて行ふの功

功《こう》が百二十日に滿《み》つると、心臟《しんざう》の下部《かぶ》から兩横腹《りやうよこはら》、兩肋《りやうあばら》に至《いた》るまでを少し宛《づゝ》揉んて擣《う》つて且《か》つ打《う》つ。膜《まく》が悉《ことごと》く起《お》きて仕舞《しま》ふ。此處《ここ》は皮骨《ひこつ》の交處《かうしよ》臟腑《ざうふ》の合點《がつてん》であり、此時《このとき》は内壯《ないさう》外壯《ぐわいさう》の分界期《ぶんかいき》であるから、切《せつ》に謹愼《きんしん》せねばならぬ。若《も》しも此時《このとき》に於《おい》て能《よ》く外《そと》に向《むか》つて引《ひ》かなかつたならば、積《つも》つた氣《き》が骨《ほね》の中《なか》へ向《むか》つて行《ゆ》き、去《さ》つて仕舞《しま》ふてあらう。

氣《き》が既《すで》に擣打《ちうだ》する處《ところ》に循《したが》ひ、順當《じゆんたう》の路《みち》を逐《お》ふて行《ゆ》くやうになつたならば、先《ま》づ心《しん》臟《ざう》の口《くち》の上部《じやうぶ》から頸《くび》に至《いた》り、又右肋《またみぎあばら》の稍々《やゝ》上《うへ》から頸《くび》に至《いた》りて始《はじ》めて揉法《もみはふ》を用《もち》ひ、續《つゞ》いて擣法《うちはふ》を用《もち》ひ、復《ま》た全身《ぜんしん》に周《あまね》く打法《うちはふ》を用《もち》ひ、それが終《をは》つてから更《さら》に始《はじ》め、決《けつ》して逆《さか》さに行《おこな》ふてはならぬ。斯《か》くの如《ごと》くすること百日《にち》となれば、氣《き》が前胸《ぜんきよう》に滿《み》ち〳〵て、任脈共《にんみやくとも》に力《ちから》が充足《じうそく》する。

第二十二　九月より十二月にかけて行ふの功

功《こう》が二百日《にち》を越《こ》え、上體前部《じやうたいぜんぶ》に氣《き》が滿《み》ち任脈《にんみやく》も既《すで》に力《ちから》が充足《じうそく》したならば、今度《こんど》は後部脊背《こうぶせきはい》に氣《き》を運入《うんにふ》して、督脈《とくみやく》をして力《ちから》を充足《じうそく》させねばならぬ。それに就《つい》ては之《こ》れまでに氣《き》が既《すで》に肩《かた》と頸《くび》には上《あが》つて來《き》て居《ゐ》るのであるから、今《いま》は右肩《うけん》から頸側《けいそく》に從《したが》ふて上《あが》つて頂《うなじ》（頸《くび》の後方枕《こうはうまくら》に接《せつ》する部分《ぶぶん》）に至《いた》り、又《ま》た左肩《さけん》から同樣《どうやう》に頸側《けいそく》に由《よつ》て頂《うなじ》に上《あが》り來《きた》り、又《ま》た轉《てん》じて頂《うなじ》の下《した》から脊髓《せきずゐ》を傳《つた》ふて尾骶骨《びていこつ》に至《いた》る間《あひだ》を、前法《ぜんぱふ》の如《ごと》く揉《も》み擣《う》ち且《か》つ打《う》つ。一周《まは》り行《おこな》ふて復《ま》たやりなほし、決《けつ》して逆《ぎやく》に行《おこな》ふてはならぬ。脊《せ》の兩側《りやうがは》の肉《にく》の柔《やはらか》い處《ところ》は掌《てのひら》で揉《も》んだ上《うへ》に綿密《めんみつ》に擣打《ちうだ》し、更《さら》に揉《も》み、更《さら》に周《あまね》く打《う》つ。

萬偏《まんべん》なく手《て》を用《もち》ひて萬偏《まんべん》なく搓《さ》すり、均等《きんとう》にせねばならぬ。斯《か》くの如《ごと》くすること復《ま》た百日《にち》になると、脊《せ》の後《うし》ろも亦堅固《またけんご》となつて、督脈《とくみやく》も亦力《またちから》が充足《じうそく》する。

第二十三　神氣を穴に凝らす術

功《こう》を行《おこな》ふこと一年《ねん》に滿《み》つれば、督任共《とくにんとも》に力《ちから》が充滿《じうまん》する。次《つい》で下部《かぶ》の功《こう》を行《おこな》はんとするに當《あた》り、暫《しばら》くの間《あひだ》は歸根復命《きこんふくめい》の內功《ないこう》をやるのに容易《ようい》で、當《まさ》に精神《せいしん》を凝《こ》らして氣《き》穴《けつ》に入《い》らしむべきである。蓋《けだ》し歸根復命《きこんふくめい》は氣《き》に順《じゆん》じて神《しん》を充積《じうせき》させ、以《もつ》て內壯《ないさう》の源《みなもと》をなすからで、則《すなは》ち其氣《そのき》を提《さ》げて逆《ぎやく》に運用《うんよう》し、以《もつ》て內壯《ないさう》の作用《さよう》を神妙《しんめう》にするのである。順《じゆん》なれば氣《き》が滿《み》ち、逆《ぎやく》なれば神《しん》が充《み》つ。一順一逆《じゆんぎやく》、形體《けいたい》あり運用《うんよう》あるに至《いた》れば、方《まさ》に眞正堅固《しんせいけんご》のものと謂《い》ふてよい。而《しか》して、此際初心《このさいしよしん》の者《もの》は督任共《とくにんとも》に通《つう》じて功《こう》を施《ほどこ》すべきである。訣《けつ》に曰《いは》く『一吸便《きふすなは》ち息《いき》すれば自《おのづか》ら臍《へそ》に歸《かへ》り、一提便《ちやうすなは》ち咽《いん》すれば水火《すゐくわ》相見《あひみ》ゆ』と、其法《そのほふ》は歸根復命《きこんふくめい》の時《とき》と同様《どうやう》夜明前《よあけまへ》に趺坐《ふさ》念咒《ねんじゆ》し、想《おもひ》を臍輪《せいりん》の後《こう》方腎堂《ほうぢんだう》の前方《ぜんぱう》、黄庭《くわうてい》の下方《かはう》關元《くわんげん》の中間《ちうかん》、氣穴《きけつ》の中《なか》へ注《そゝ》ぐ。其處《そこ》は所謂下丹田《いはゆるしもたんでん》である。卽《すなは》ち呼吸《こきふ》を均等《きんとう》に調《とゝの》へて鼻《はな》で淸氣《せいき》を吸《す》ふこと一口《くち》、直《すぐ》に中《なか》へと入《い》れ、次《つい》で下《くだ》つて會陰《ゑいん》に至《いた》り、更《さら》に轉《てん》じて尾閭《びろ》に至《いた》る。そこで氣を入《い》れて恰度《ちやうど》大便《だいべん》を堪《こ》らへる樣《やう》な狀《さま》をなす。上腰脊《じやうえうせき》と上背脊《じやうはいせき》とを持ち上《あ》げて、氣が頭《あたま》から泥《でい》九へ上《のぼ》り、頂《うなじ》から轉下《てんか》して山根《さんこん》に至《いた》り、玉池《ぎよくち》に入《はい》ると口內《こうない》に唾《つば》を生《しやう》ずる。唾《つば》の溜《た》まつた所《どころ》で一緒《しよ》に上丹田《じやうたんでん》へ咽《の》み入《い》れ、上丹田中《じやうたんでんちう》の氣を併《あは》せて、又《また》一咽《の》み咽《の》みこんで中丹田《ちうたんでん》に入《い》り、此處《こゝ》でも亦中《またちう》丹田《たんでん》の氣《き》を併《あは》せ咽《の》んで下丹田《げたんでん》へと送《おく》り入《い》れる。之《こ》れを一回順《くわいじゆん》とする。一回終《くわいをは》ると又《また》呼吸《こきふ》を調《しら》べて又咽《またの》みこむ。之《こ》れを行《おこな》ふこと十四回《くわい》の後《のち》、法輪自轉《はふりんじてん》を行《おこな》ひ、それを終《をは》つてから身《み》を起《お》こす。

關元《くわんげん》の穴《あな》は臍下《へそした》一寸《すん》三分《ぶ》の處《ところ》にある。腎《じん》は納氣《なふき》を主《しゆ》とする處《ところ》であるから氣穴《きけつ》と云《い》ひ、玉池《ぎよくち》とは舌底《したぞこ》のことで唾《つば》を生《しやう》ずる處《ところ》である。凝神氣穴《ぎやうしんきけつ》の此法《このはふ》は命府《めいふ》を抑《おさ》へて心《しん》火《くわ》が氣穴《きけつ》に入《い》るを以《もつ》て、水火相見《すゐくわあひみ》ゆと謂《い》ふのである。經《きやう》に『久《ひさ》しく下田《げでん》を見《み》れば命《めい》長生《ちやうせい》す』とあるは此《こ》のことである。

第二十四　睾丸と玉莖との功

功《こう》を行《おこな》ふこと三百日《にち》に餘《あま》れば、督任《とくにん》の二脉《みやく》共《とも》に積氣《せつき》が充《み》つるから、宜《よろ》しく此際下《このさいか》部《ぶ》の功法《こうはふ》を行《おこな》ふてそれを貫通《くわんつう》させねばならぬ。

凡《およ》そ人間《にんげん》は母《はゝ》の胎内《たいない》に居《を》る時《とき》は二脉《みやく》の本《もと》が相通《あひつう》じてゐたが、出胎《しゆつたい》の後《ご》は飲食《いんしよく》が氣《き》を滞《とゞこ》らし、物慾《ぶつよく》が神《しん》を滞《とゞこ》らし、心靈《しんれい》に障《さは》りがあり、爲《ため》に前後通行《ぜんごつうかう》の路《みち》を隔《へだ》てゝ仕《し》舞《ま》ふ。元來督脉《ぐわんらいとくみやく》は上牙齦《じやうがこん》から頂《うなじ》に上《のぼ》り、頂《うなじ》の後《うし》ろから脊下《せした》に行《ゆ》き次《つい》で尾閭《びろ》に至《いた》るもので、任脉《にんみやく》は承漿《しようしやう》から胸《むね》を下《お》りて腹下《はらした》に行《ゆ》き次《つい》で會陰《ゑいん》に至《いた》るものである。それ故假令《ゆゑたとへ》脉《みやく》が貫《つらぬ》くとても氣《き》は相通《あひつう》じない。然《しか》るに今下部《いまかよ》の功《こう》を行《おこな》へば、氣《き》が至《いた》り脉《みやく》と相接《あひせつ》て交々《こも〴〵》施るべきである。

而《しか》して此段《このだん》の行法《かうはふ》は兩處《りやうしよ》と十目《もく》がある。兩處《りやうしよ》とは一は睪丸《かうぐわん》て一は玉莖《ぎよくけい》である。睪《かう》丸《ぐわん》に於《おい》て行《おこな》ふべき目名《もくめい》は攢《あてる》と掙《いからす》と搓《おす》と撫《なでる》とて、玉莖《ぎよくけい》に於《おい》て行《おこな》ふべきものは捽《つかむ》と握《にぎる》と束《たばねる》とて、兩處同樣《りやうしよどうやう》に行《おこな》ふべきものは咽《いん》と洗《あらひ》とてある。

攢（あてる）掙（いからす）搓（おす）扣（ひかへる）捽（つかむ）撫（なでる）握（にぎる）の七法中《はふちう》、掙《いからす》のみが單《たん》に氣合《きあひ》を睪丸《かうぐわん》に入《い》れるばかりのやり方《かた》であるが、他《た》は皆手《みなて》を使用《しよう》し順序《じゆんじよ》に從《したが》つて固《かた》く行《おこな》ひ、終《をは》りては復《ま》た始《はじ》めるのてある。始《はじ》めは輕《かる》く緩《ゆる》るく、終《をは》りて重《おも》く緊《はや》く行《おこな》ひ、敢《あへ》て何度《なんど》と云《い》ふ度數《どすう》を定《さだ》めることなく、一時《じ》（日本《にほん》の二時間《じかん》）を標準《へうじゆん》として日《ひ》に三度《ど》やればよい。

咽《いん》は功《こう》を行《おこな》はんとする前《まへ》に鼻《はな》て一口《くち》清氣《せいき》を吸《す》ひ、氣《き》を入《い》れてぐつと咽《の》み下《くだ》し、胸《むね》へと送《おく》り入《い》れ、又吸《またす》ふては咽《の》みして、腹《はら》へ送《おく》り、更《さら》に吸《す》ふては咽《の》みして睾丸及玉莖《かうぐわんおよびぎよくけい》へと到《いた》らしめ、咽《の》むこと前後《ぜんこ》三十六口《くち》の後功《のちこう》を行《おこな》ふのである。握《にぎる》の法《はふ》は力《ちから》を入《い》れて握《にぎ》りしめ、下《した》からぐつとすり上《あ》げるので龜頭《きとう》に至《いた》れば、玉莖《ぎよくけい》が頓《とみ》に力《ちから》づく。洗《あらひ》は藥水《やくすゐ》で洗《あら》ふのである。束《たばねる》は洗《あらひ》が終《をは》つた後《のち》に軟《やはらか》い帛《ぬの》で莖根《けいこん》を束《たば》ねるので、寛《ゆる》からず緊《かた》からず適當《てきたう》に締《し》めて、玉莖《ぎよくけい》が平常《へいぜい》の狀態《じやうたい》にあるやうにせねばならぬ。

此《こ》の功《こう》を行《おこな》ふこと百日《にち》なれば、督任《とくにん》共《とも》に通《つう》ずべく、既《すで》に功《こう》が足《た》つて氣《き》が堅《けん》となれば、鐵骨鐵筋《てつこつてつきん》、當《あた》るに物《もの》なき程《ほど》に精力絕倫《せいりよくぜつりん》たるを得《う》るてあらう。

第二十五　動靜四支に入る論

下部《かぶ》の功《こう》が充分《じうぶん》に出來《でき》、督任《とくにん》が交通《かうつう》して氣《き》が全身《ぜんしん》に周《あまね》く充《み》ち、順《じゆん》にも逆《ぎやく》にも意《い》の如《ごと》く随《したが》ふやうになつても、手《て》や足《あし》が未《いま》だ堅固《けんご》でない以上《いじやう》は壯《さう》であるとは云《い》へない。それ故《ゆゑ》に又諸勢《またしよせい》の功《こう》があるのである。

此《こ》の段《だん》の功《こう》は永《なが》い間傳授《あひだでんじゆ》の道《みち》を失《うしな》つてゐたので、後世《こうせい》の人々《ひと〴〵》は推《すい》、拉等《らつとう》の八勢《せい》を以《もつ》て四支《し》に引入《いんにふ》するの法《はふ》となした。八勢《せい》を知《し》らないと辛《から》ふじて氣《き》を引《ひ》いて手足《てあし》の皮《ひ》肉《にく》の中《うち》へ入《い》れることが出來《でき》るが、而《しか》も骨髓《こつずゐ》の中《なか》へ引入《いんにふ》することは出來《でき》ない。それと云《い》ふのも動《どう》は外行《ぐわいぎやう》し、靜《せい》は内運《ないうん》するのは明白《めいはく》な理《り》であるからである。故《ゆゑ》に十段《だん》の靜《せい》功《こう》を用《もち》ひて骨髓《こつずゐ》に運《はこ》び入《い》れ、復《ま》たその上《うへ》へ十八段《だん》の動功《どうこう》を用《もち》ひて皮《ひ》肉《にく》に運《はこ》び充《みた》させ、槌《つち》と杵《きね》とで打《う》ちて外《そと》を堅固《けんご》にし、丸藥《ぐわんやく》を服《ふく》して内臟《ないざう》を助長《じよちやう》し、洗藥《せんやく》で洗《あら》ふて肌《は》膚《ぞ》を剛健《がうけん》にし、錬手《れんしゆ》の功《こう》を行《おこな》ふて指梢《しせう》を錬《ね》る。何《いつ》れも次第《しだい》を踏《ふ》んで行《おこな》ふべきである。

功《こう》を初《はじ》めてより一年《ねん》の後《のち》には督任《とくにん》を通《つう》じて外部《ぐわいぶ》の筋膜《きんまく》を新陳代謝《しんちんたいしや》し、二年《ねん》の後《のち》には骨髓《こつずゐ》を堅實《けんじつ》にし外部《ぐわいぶ》の皮肉《ひにく》を新陳代謝《しんちんたいしや》し、三年《ねん》の後《のち》には内外合《ないぐわいがふ》一して金剛《こんがう》の體《たい》を成形《せいけい》する。茲《こゝ》に至《いた》ると無形《むけい》の邪《じや》も侵《おか》すことが出來《でき》ず、有形《いうけい》の何物《なにもの》も傷《きず》つけることが出《で》來《き》ない。内外兩全《ないぐわいりやうぜん》、神完守固《しんくわんしゆこ》、誠《まこと》に入聖《にふせい》の基《もとゐ》を作《つく》ることが出來《でき》たと云《い》ふものである。

第二十六　靜功十功

早朝《さうてう》に通靈丸《つうれいぐわん》六十四丸《ぐわん》を服用《ふくよう》し、大方溶化《おほかたようくわ》するを待《まつ》て、鼻《はな》て氣《き》を吸《す》ひ、功《こう》を行《おこな》ふてゐる箇處《かしよ》へぐつと氣合《きあひ》を入《い》れて以《もつ》て氣《き》を運《はこ》び骨髓《こつずゐ》の中《うち》から行《ゆ》き去《さ》らしめる。決《けつ》して力《ちから》を用《もち》ひてはならぬ。若《も》しも一度《たび》力《ちから》を用《もち》ひたならば、少《すこ》しも動功《どうこう》と異《こと》なる所《ところ》がない。

起床《きしやう》して直《たゞち》に毎日《まいにち》五六息《そく》し、漸次《ぜんじ》に度數《どすう》を増加《ぞうか》する。時間《じかん》を規定《きてい》する爲《ため》には香《かう》を焚《た》くが、何《いづ》れの段《だん》も一寸《すん》の香《かう》を以《もつ》て規準《きじゆん》とし、二寸香《すんかう》を以《もつ》て極度《きよくど》とする。一日《にち》行《おこな》ふて と三度《ど》、功《こう》が終《をは》つた後《あと》で打洗神通《だせんしんつう》を行《おこな》ひ、尙暇《なほひま》があれば觀心洗心《くわんしんせんしん》の諸法《しよはふ》を行《おこな》ふ。

十箇月《かげつ》たつと功《こう》が成《な》るが、成功《せいこう》の後《のち》も居常暇《きよじやうひま》ある毎《ごと》に怠《おこた》らず復習《ふくしふ》せねばならぬ。

又丸藥《またぐわんやく》は毎日早朝唯《まいにちさうてうたゞ》一回《くわい》飲《の》めばよい。而《しか》して靜功《せいこう》十段《だん》とは次《つぎ》の十功《こう》を云《い》ふのてある。

第《だい》一功《こう》　韋駄棒杵《ゐだばうき》　想《おもひ》を尾閭《びろ》の上方第《にやうはうだい》二節《せつ》に注《そゝ》ぎ、氣《き》は背上《はいじやう》より起《おこ》つて直《たゞち》に通《つう》じて指梢《しせう》に至《いた》る。

第《だい》二功《こう》　獨立金剛《どくりつこんがう》　想《おもひ》を項《うなじ》の後方《こうはう》一寸《すん》三分《よ》に注《そゝ》ぎ、氣《き》は足心《そくしん》より起《おこ》つて兩肘梢《りやうちうせう》に至《いた》り、頭《あたま》の天邊《てつぺん》を通《つう》じて上《うへ》一拳《こぶし》の處《ところ》に及《およ》ぶ。

第《だい》三功《こう》　降龍《かうりう》　想《おもひ》を頂《うなじ》の後方風府穴《こうはうふうふけつ》に注《そゝ》ぎ、氣《き》は腹《はら》から起《おこ》つて上《あが》つて單手《たんしゆ》に至《いた》る。

第《だい》四功《こう》　伏虎《ふくこ》　想《おもひ》を風府《ふうふ》に注《そゝ》ぎ氣《き》は背《せなか》から前肩《まへかた》に至《いた》り、臂《ひぢ》を傳《つた》ふて兩拳《りやうこぶし》に至《いた》る。

第《だい》五功《こう》　天地臺《てんちまん》　想《おもひ》を尾閭《びろ》の前方腎嚢《ぜんはうじんなう》の中《うち》に注《そゝ》ぎ、氣《き》は湧泉穴《ゆうせんけつ》から起《おこ》つて直《たゞち》に全身《ぜんしん》に周《あまね》く通《つう》じて頂巓《ちやうてん》に至《いた》る。此處《こゝ》は百會《くわい》の穴卽《けつすなは》ち尾骶骨《びていこつ》である。

第《だい》六功《こう》　虎坐《こざ》　想《おもひ》を臍《へそ》の前方任脉《ぜんはうにんみやく》の穴《あな》に注《そゝ》ぎ、氣《き》は全身《ぜんしん》を周《めぐ》りて上《うへ》より下《した》に至《いた》る。

第《だい》七功《こう》　龍呑《りうどん》　想《おもひ》を天靈《てんれい》に注《そゝ》ぐ。而《しか》して氣《き》は足跟《そくこん》から起《おこ》つて直《たゞち》に頂巓《ちやうてん》に至《いた》る。

第《だい》八功《こう》　御風渡江《ぎよふうとかう》　想《おもひ》を臍《へそ》の後方《こうはう》に注《そゝ》ぎ、氣《き》は背上《はいじやう》より起《おた》り、直《たゞち》に頂上《ちやうじやう》に通《つう》ずる。

第《だい》九功《こう》　囘回指路《くわいくしろ》　想《おもひ》を命門腰閭《めいもんえうろ》に注《そゝ》ぎ、氣《き》は背下《はいか》より歸《かへ》つて脚底《きやくてい》に至《いた》る。

第《だい》十功《こう》　觀空《くわんくう》　想《おもひ》を指《ゆび》を圈《わ》にして其《そ》の空處《くうしよ》に注《そゝ》ぎ、氣《き》は全身《ぜんしん》を周《あまね》く通《つう》ずる。

第二十七　打洗して神通する功

毎日動靜《まいにちどうせい》二功《こう》を行《おこな》ひ、兩《ふた》つながら畢《をは》れば打洗法《だせんはふ》を行《おこな》ふ。初《はじ》めは木槌木杵《きづちきね》を用《もち》ひ、五十日《にち》以後《いご》は石袋《いしぶくろ》を用《もち》ふる。先《ま》づ右肩《うけん》の上方《じやうはう》から均等《きんとう》に打《う》ち下ろして中指《なかゆび》の背《せ》に至《いた》り、又肩《またかた》の前方《ぜんぽう》から打《う》つて拇指《おやゆび》の背《せ》に至《いた》り次《つい》で食指《しよくし》の背《せ》に至《いた》る。更《さら》に又肩《またかた》の後方《こうはう》から打《う》つて無名指《むめいし》の背《せ》に至《いた》り、次《つい》で小指《こゆび》の背《せ》に至《いた》る。然《しか》る後肩《のちかた》の内部《ないぶ》から打《う》つて掌《てのひら》の内面拇指梢《ないめんおやゆびさき》に次《つい》で食指梢《しよくしさき》に至《いた》る。又肩《またかた》の下方《かはう》から打《う》つて掌《てのひら》の内面中指梢《ないめんなかゆびさき》に至《いた》り、次《つい》で無名指梢《むめいしさき》に、續《つゞ》いて小指梢《こゆびさき》に至《いた》る。

一順《じゆん》打ち畢《をは》つたならば如意散湯《によいさんたう》を以《もつ》て全身《ぜんしん》を洗《あら》ひ、洗終《あらひをは》らば手《て》で萬偏《まんべん》なく揉んで和《やは》らげる。打《う》つ時《とき》はよく順序《じゆんじよ》に從《したが》ひ、逐次《ちくじ》に各指《かくし》に及《およ》ぼさねばならぬ。何《いづ》れも皆肩《みなかた》から打下《うちお》ろすので、逆《さか》に下《した》から打上《うちあ》げてはならぬ。日《ひ》に三回《くわい》、毎回《まいくわい》二時間《じかん》行《おこな》ひ、功《こう》百日《にち》に滿《み》つると始《はじ》めて其力《そのちから》が顯《あら》はれる。左手《ゆんで》も右手《めて》同樣《どうやう》に行《おこな》ひ、功《こう》も百日《にち》を積《つ》まねばならぬ。

第二十八　動功十八勢

靜功《せいこう》が既《すで》に完了《くわんれう》して手足骨髓《てあしこつずゐ》の力《ちから》が充實《じうじつ》したならば、次《つい》で動功《どうこう》を行《おこな》ひ、以《もつ》て皮肉《ひにく》を練達《れんたつ》して内外《ないぐわい》を合《がふ》一させねばならぬ。

早朝通靈丸《さうてうつうれいぐわん》を服用《ふくよう》し、功《こう》を終《をは》つたら靜功同樣打洗法《せいこうどうやうだせんはふ》を行《おこな》ふ。日《ひ》に三回《くわい》行《おこな》ひ、十箇《か》月《げつ》たつと功《こう》が成就《じやうじゆ》する。若《も》しそれよりも短時日《たんじじつ》で成功《せいこう》し度《た》いと思《おも》ふならば、靜功《せいこう》を行《おこな》ひ始《はじ》めて百日《にち》の後《のち》、動功《どうこう》を加入《かにふ》して、交互《かうご》に併《あは》せ行《おこな》ふてもよろしい。成功後《せいこうご》も時《とき》々《く》習練《しふれん》せねばならぬ。行《おこな》ふこと久《ひさ》しければ愈々《いよく》妙《めう》である。

此《こ》の段功《だんこう》は世間《せけん》に多少《たせう》は知《し》られて居《を》るが、完全《くわんぜん》に諒得《りやうとく》して居《を》る者《もの》は稀《ま》れである。よし全部《ぜんぶ》を知得《ちとく》して居《を》るにもせよ、内功《ないこう》を積《つ》んで基《もとゐ》を築《きづ》いて居《を》らない以上《いじやう》は決《けつ》して能《よ》く行《おこな》ふべくもない。若《も》し其《そ》の源《みなもと》を究《きは》めずして強《し》いて之《これ》を行《おこな》へば、必《かなら》ず毎《つね》に筋脈《きんみやく》を阻絶《そぜつ》する患《うれ》ひがある。此點《このてん》はよく〳〵注意《ちゆうい》せねばならぬ。而《そ》して動功《うごこう》十八勢《せい》なるものは次《つぎ》の通《とほ》りてある。

第一《だい》　鶴舞《つるま》ふ勢《せい》

東南方《とうなんはう》に向《むか》つて立《た》ち、兩足《りやうあし》を左右《さいう》へ二足幅程開《あしはゞほどひら》き、踵《くびす》を少《すこ》し外方《そと》へ向《む》け、馬《うま》に乘《の》る姿勢《しせい》をなし、氣合《きあひ》を胸《むね》に籠《こ》め、兩手《りやうて》は拳《こぶし》を固《かた》く握《にぎ》りて上《うへ》に擡《あ》げ、次《つぎ》に肩《かた》を水平《すゐへい》にして肱《ひぢ》を曲《ま》げ、曲《ま》げた反撞《はんどう》て左右《さいう》に開《ひら》き、開《ひら》き切《き》つた所《ところ》で止《と》め、前《まへ》へ左右《さいう》から持《も》つて來《き》て手《て》を合《あ》はせて眞直《まつすぐ》にし、直《たゞち》に氣合《きあひ》を籠《こ》めて後《うしろ》へ曳《ひ》いて故《もと》の姿勢《しせい》となる。十度《と》曳《ひ》いては收回《しうくわい》し、終《をは》れば手《て》を分《わか》つて下方《かはう》へ按《あん》じて、重《おも》い物《もの》を提《さ》げていかにも難《むつか》しいやうな格好《かくかう》をなし、地《ち》に近《ちか》づくと腕《うで》を轉《てん》じて今度《こんど》は重《おも》い物《もの》を持《も》ち上《あ》げていかにも難《むつか》しいやうな格好《かくかう》をする。上下《じやうげ》各《かく》三度《と》する。

第二《だい》　龍舞《りつま》ふ勢《せい》

前《まへ》の如《ごと》くに兩手《りやうて》を左右《さいう》に肩《かた》と水平《すゐへい》に伸《のば》し。徐々《じよく》に後上方《こうじやうはう》に廻《ま》はし、再《ふたゝ》び水平《すゐへい》に歸《かへ》つた時《とき》に肱《ひぢ》を曲《ま》げて手《て》を脇《わき》の下《した》に向《む》け、次《つい》で腕《うで》を回轉《くわいてん》して徐《おもむろ》に前《まへ》へ眞直《まつすぐ》に推《お》し出《だ》す。斯《か》くの如《ごと》くすること六度《ど》、その中《うち》三度《ど》は指尖《ゆびさき》を上《うへ》に向《む》け、三度《ど》は指尖《ゆびさき》を下《した》に向《む》けてやるが、何時《いつ》でも手頭《てくび》の處《ところ》に力《ちから》を入《い》れて居《を》らねばならぬ。

第三　推托《すいたく》する勢《せい》

前《まへ》の如《ごと》くにして立《た》ち、左手《さしゆ》を表面《へうめん》を後《うし》ろにして肩《かた》と水平《すゐへい》にして出《だ》し、次《つぎ》に右手《うしゆ》を同様《どうやう》に出《だ》し、左右《さいう》に眞直《まつすぐ》に伸《のば》し、更《さら》に力《ちから》を入《い》れてぐいと伸《のば》し、指《ゆび》を屈《ま》げ拳《こぶし》を握《にぎ》りて徐々《じよじよ》に兩手《りやうて》を前方《ぜんぱう》へ持《も》つて來《き》て合《あは》せる。その次《つぎ》には右手《めて》を先《さき》に出《だ》して前《まへ》のやうに行《おこな》ふ。左右各《さいうかく》三度《ど》の後《のち》、手《て》の裏面《りめん》を後《うし》ろにして行《おこな》ふことを亦《また》左右各《さいうかく》三度《ど》。終《をは》つて更《さら》に姿勢《しせい》を捻《ねじ》り、身體《しんたい》を轉《てん》じて、左右兩手《さいうりやうて》交互《かうご》に前《まへ》に推出《おしだ》すこと各《かく》三度《ど》。

第四　鳳凰單《はうわうひと》り舞《ま》ふ勢《せい》

前《まへ》の如《ごと》くにして立《た》ち、兩手《りやうて》を固《かた》く胸《むね》に當《あ》て拳《こぶし》を前《まへ》へ扭《ひね》る。次《つぎ》に片方《かたはう》の手《て》を拳《こぶし》を散《さん》じて上方《じやうはう》へ眞直《まつすぐ》に擧《あ》げ、片方《かたはう》の手《て》は拳《こぶし》を固《かた》く握《にぎ》つた儘乳《まゝちゝ》の上《うへ》へ押《お》しつける。左右各《さいうかく》三度《ど》。終《をは》れば故《もと》の如《ごと》くに胸上《きようじやう》に收《をさ》めて兩手《りやうて》を固《かた》く握《にぎ》り、肱《ひぢ》を曲《ま》げて腕《うで》を立《た》てゝ拳《こぶし》を上《うへ》に擧《あ》げ、次《つい》で拳《こぶし》を開《ひら》き肱《ひぢ》を回轉《くわいてん》して下《した》に向《む》けて下《お》ろしつゝ手《て》を合《あは》せ、更《さら》に手《て》を分開《かい》して頭上《づじやう》に高《たか》く擧《あ》げて、三轉《てん》三推《すい》する。

第五　虎睨《とらにら》む勢《せい》

兩足《りやうあし》を斜《なゝ》めに半右《なかばみぎ》(左《ひだり》)向《む》きにして立《た》ち、兩手《りやうて》は固《かた》く握《にぎ》りて胸《むね》に當《あ》て拳《こぶし》を捻《ひね》る。兩手《りやうて》を前方《ぜんぱう》に眞直《まつすぐ》に伸出《しんしゆつ》し、微《かす》かに肱《ひぢ》を曲《ま》げ同時《どうじ》に拳《こぶし》も亦微《またかす》かに内方《ないはふ》へ曲《ま》げる。次《つぎ》に手《て》を後《うし》ろ向《む》きにして同様《どうやう》に行《おこな》ふ。左右向《さいうむ》きを換《か》えて各《かく》三度《ど》。

第六　身《み》を轉《てん》ずる勢《せい》

前《まへ》の第五《だい》の虎睨勢《こげいせい》の終《をは》りを受《う》けて、先《ま》づ左方《さはう》へ身《み》を轉《てん》じ、兩方《りやうはう》の拳《こぶし》を伸《の》ばして前《まへ》へ出《だ》し、兩肱《りやうひぢ》を微《かす》かに曲《ま》げて物《もの》を抱《だ》く格好《かくかう》をする。左右《さいう》を以《もつ》てすること各《かく》三換《かん》。

第七　轉環《てんくわん》の勢《せい》

第《だい》一勢鶴舞勢《せいかくぶせい》の如《ごと》くにし、先《ま》づ左手《さしゆ》を拳《こぶし》を散《さん》じ手《て》を開《ひら》いて、腕《うで》が後《うし》ろ向《む》きになるやうにして下方《かはう》へ轉《てん》じ、還《かへ》つて上《うへ》へ轉《てん》じ、腕《うで》を後《うし》ろ向《む》きにして三轉《てん》する。これを一豁《くわつ》（一運動《うんどう》の意《い》とし）とし、九轉《てん》三豁《くわつ》を行《おこな》ふ。右《みぎ》も亦同樣《またどうやう》である。次《つぎ》に外《そと》より下《した》へ轉《てん》じ、腕《うで》を内方《ないはう》に向《む》けて上《うへ》に還《かへ》し、上方《じやうはう》の如《ごと》くにして、左右雙《さいうなら》び轉《てん》ずる。

第八　進退《しんたい》の勢《せい》

直立不動《ちよくりつふどう》の姿勢《しせい》をとり、手《て》を固《かた》く握《にぎ》りて拳《こぶし》を微《かす》かに内《うち》へ捻《ひね》る。左足《さそく》を一歩前《ほまへ》へ出《だ》し、左手《ゆんで》を上方《じやうはう》より前《まへ》へ打《う》ち下《お》ろして肩《かた》の高《たか》さに止《と》め、右手《めて》を一旦胸《たんむね》に持《も》つて來《き》て右乳《みぎちち》の上《うへ》に置《お》いた後《のち》、前《まへ》へ伸出《しんしゆつ》して左手《ゆんで》と並行《へいかう》させ兩拳《りやうこぶし》の間隔《かんかく》は約《やく》一尺《しやく》ばかりにする。次《つぎ》に兩手《りやうて》を下《お》ろして、左足《さそく》を元《もと》へ引《ひ》き、今度《こんど》は右足《うそく》を出《だ》し、左手《ゆんで》と同樣《どうやう》に右手《めて》を打《う》ち下《お》ろして、左手《ゆんで》を胸《むね》から前《まへ》へと出《だ》す。左右各《さいうかく》三度《ど》の後《のち》、足《あし》を後《うしろ》へ出《だ》して之《こ》れ又左右各《またさいうかく》三度宛《どづつ》行《おこな》ふ。

第九　弓《ゆみ》を開《ひら》く勢《せい》

第《だい》一勢《せい》鶴《かく》舞《ぶ》勢《せい》の如《ごと》くにして立《た》ち、氣《き》合《あひ》を小腹《せうふく》（小腸《せうちやう》の部分《ぶぶん》所謂《いはゆる》上《うは》つ腹《ばら》）に籠《こ》め、兩足《りやうあし》を動《うご》かすことなく、弓《ゆみ》をひく姿勢《しせい》をするので、最初《さいしよ》に右手《めて》を前《まへ》にし、左手《ゆんで》てひく。眼《め》を前《まへ》の方《はう》の手《て》に注《そゝ》ぎ、六回目《くわいめ》にはひく方《はう》の手《で》を大《おほ》きく散開《さんかい》して、ひき終《をは》つた姿勢《しせい》をし、手前《てまへ》を換《か》へて左手《ゆんで》を前《まへ》にする。六回毎《くわいごと》に一度《ど》手前《てまへ》を換《か》え、都合《つがふ》三十六回《くわい》行《おこな》ふ。

第十　童子《どうじ》觀音《くわんおん》を拜《はい》する勢《せい》

兩足《りやうあし》を竝《なら》べて定立《ていりつ》し、兩手《りやうて》を下《した》に交叉《かうさ》し、臍《へそ》を平《たひら》にして手《て》を其《そ》の上《うへ》に按《あん》じ、次《つぎ》に手《て》を反《そら》して頭《あたま》の頂上《ちやうじやう》に持つて行《ゆ》き、精神《せいしん》を睾丸《かうぐわん》に注《そゝ》ぎ氣合《きあひ》を籠《こ》めて手《て》を伸《のば》すこと十度《ど》、漸次《ぜんじ》に前下方《ぜんかはう》に下《さ》げて地《ち》に至《いた》る。續《つゞ》いて精神《せいしん》を膀胱《ばうくわう》に注《そゝ》ぎ氣合《きあひ》を籠《こ》めて手《て》を伸《のば》すこと十度《ど》。膀胱《ばうくわう》に力《ちから》溢《あふ》れて勢《いきほひ》極《きは》まるを待《ま》つて、徐々《じよじよ》に起《き》立《りつ》し、臂《ひぢ》を轉《てん》じて下方《かはう》に交叉《かうさ》せさる。斯《か》くの如くすること十度《ど》。

第十一　美女蓮《びじよはす》を觀《み》るの勢《せい》

前足《まへあし》を横《よこ》にし、後足《うしろあし》を眞直《まつすぐ》にして丁字形《ていじかた》になつて立《た》ち、兩手《りやうて》を固《かた》く握《にぎ》つて欄干《らんかん》に椅《よ》る狀《さま》をなし、上體《じやうたい》を捻轉《ねんてん》して心臓《しんざう》と左足《さそく》の踝《くろぶし》とを相對《あひたい》せしめ、左膊《さはく》を微《かす》かに曲げる。右《みぎ》に捻轉《ねんてん》するのも同様《どうやう》である。左右各《さいうかく》三度《ど》。

第十二　熊顧《くまかへり》みる勢《せい》

兩足《りやうあし》を竝《なら》べて立《た》ち、兩手《りやうて》を固《かた》く握《にぎ》り、拳《こぶし》を前《まへ》にし臂《ひぢ》を伸《のば》して體前《たいぜん》に垂《た》れ、上體《じやうたい》を下向《したむ》きにして手《て》と共《とも》に左右《さいう》に振盪《しんたう》し、頭《あたま》を左右《さいう》に囘轉《くわいてん》して臀《しり》と足跟《くろぶし》とを見《み》る。三十六度《ど》。

第十三　急擧《きふきよ》の勢《せい》

一足《そく》はちやんと立《た》ち、一足《そく》は勾《かぎ》のやうに曲《ま》げて他足《たそく》の膝《ひざ》の上《うへ》に按《あん》じ、兩手《りやうて》て之《こ》れを支持《しぢ》し、坐下《ざか》し、起立《きりつ》すること左右各三度《さいうかくど》。久《ひさ》しく續《つゞ》けてやれば骨節《こつせつ》が靈妙《れいめう》に通《つう》じ、筋脉《きんみやく》がよくのび、一足《そく》を以《もつ》て頸上《けいじやう》に勾《かぎ》かけて起坐《きざ》することが出來《でき》るやうになるが、此《こゝ》に至《いた》れば方《まさ》に功《こう》が全《まつた》しと爲《な》さねばならぬ。

第十四　仙人《せんにん》背《せ》を反《そら》す勢《せい》

兩足《りやうあし》を一樣《やう》に斜《なゝめ》に半右《なかばみぎ》（左《ひだり》）向《む》けをして立《た》ち、身體《からだ》を捻轉《ねんてん》して左右《さいう》に轉換《てんくわん》する。前《まへ》へ進《すゝ》むこと三步《ぽ》、後《うしろ》へ退《しりぞ》くこと三步《ぽ》。續《つゞ》けて久《ひさ》しくやれば胸《むね》が反對《はんたい》に旋轉《せんてん》するやうになつて、背《せ》の後方功《こうはうこう》が全《まつた》しと爲《な》すべきである。

第十五　賓《きやく》に接《せつ》する勢《せい》

一足《そく》に力《ちから》を入《い》れて定立《ていりつ》し、一足《そく》は膊《はく》を屈《くつ》し、兩手《りやうて》で屈《くつ》した膊《はく》を支持《しぢ》して、上體《じやうたい》を下方《かはう》に屈《くつ》して徐々《じよ／＼》に蹲《ひざまづ》いて地《ち》に近《ちか》づき、膊《はく》の地《ち》に着《つ》くや大聲叱呼《たいせいしつこ》、力《ちから》を振《ふる》ふて起立《きりつ》する。左右各三度《さいうかくど》。

第十六　象立《ぞうた》つ勢《ぜい》

兩足《りやうあし》に力《ちから》を入《い》れて立《た》ち、上體《じやうたい》を左右《さいう》に振盪《しんたう》し、手《て》を身體《からだ》より離《はな》して左右《さいう》に放《はな》ち、上體《じやうたい》の振動《しんどう》に伴《ともな》ふて面前《めんぜん》て大輪《たいりん》の轉《てん》ずるやうに旋轉《せんてん》する。左右《さいう》各《かく》三十旋《せん》。次《つい》て兩手《りやうて》の掌《てのひら》を竝《なら》べて頭上《づじやう》に擧《あ》げ、左右《さいう》に分開《ぶんかい》し、圓《まる》く轉《てん》ずること機衡《きかう》の如《ごと》く、高《たか》く低《ひく》く、又低《またひく》く高《たか》くし、上體《じやうたい》も亦之《またこれ》に隨《したが》ふ。續《つゞ》いて起坐《きざ》して行《おこな》ふこと十四度《ど》。

第十七　錦鷄舞《きんけいま》ふ勢《せい》

兩足《りやうあし》の蹠《つま》を合《あは》せて下《した》へ蹲《ひざまづ》くこと蓮《はす》の花《はな》の坐《ざ》して居《を》るが如《ごと》くにし、兩手《りやうて》を固《かた》く握《にぎ》つて眼《め》の高《たか》さに擧《あ》げて直《たゞち》に打《う》ち下《お》ろすやうに振《ふ》り下《お》げ、その勢《いきほひ》て故《もと》のやうに跳《は》ね起《お》きる。坐《すわ》つては起《た》つこと六度《ど》。次《つぎ》に兩手《りやうて》を固《かた》く握《にぎ》つて乳《ち》の下《した》に押《お》し當《あ》て、兩足《りやうあし》を平《たひら》にして立《た》ち、足跟《くろぶし》に力《ちから》を入《い》れ爪先《つまさき》だけて立《た》つて身體《からだ》を上下《じやうげ》すること十四度《ど》。始《はじ》めは輕《かる》く後《のち》に強《つよ》くする。更《さら》に左手《ゆんで》を少《すこ》し擧《あ》げ、右足《うそく》を勾《かゞ》のやうに曲《ま》げ、爪先《つまさき》を内方《ないはう》に向《む》け、斜後方《なゝめこうはう》に出《だ》して踵《かゝと》で地上《ちじやう》を確《し》かと踏《ふ》んで力《ちから》を入《い》れる。左足《さそく》も同様《どうやう》に行《おこな》ふ。左右各《さいうかく》七度《ど》。

第十八　鶴立《つるた》つ勢《せい》

兩手《りやうて》を固《かた》く握《にぎ》りて一足《そく》で定立《ていりつ》し、一足《そく》を以《もつ》て足《あし》の裏《うら》で上下《じやうげ》に擦《さ》する。左右交互《さいうかつご》に三回《くわい》、一回《くわい》廿四度《ど》。

第二十九　錬手の餘功

靜功《せいこう》を行《おこな》ふこと百日《にち》の後《のち》に更《さら》に動功《どうこう》を加《くは》へて更《さら》に二百日間《にちかんりやうはう》兩方を兼《か》ね行《おこな》はねばならぬ。其《そ》の頃《ころ》は靜功《せいこう》が既《すで》に充分《じうぶん》に足《た》り、氣《き》も亦既《またすで》に指《ゆび》の末梢《まつせう》にまで徹底的《てつていてき》に通《つう》じて居《を》るから、錬手餘功《れんしゆよこう》を加入《かにふ》して動功《どうこう》と一緒《しよ》に行《おこな》ふのである。其法毎日功打《そのほふまいにちこうだ》を行《おこな》ふ時《とき》に手《て》を如意散湯《によいさんたう》で洗《あら》ふので、湯《ゆ》の熱度《ねつど》を漸次《ぜんじ》に暑《あつ》くして終《をは》りには煮沸《しやふつ》の程度《ていど》に上《のぼ》す。洗《あら》ひ終《をは》つても決《けつ》して拭《ふ》くことなく、熱《あつ》ければ熱《あつ》い丈《だけ》盛《さか》んに手《て》を振《ふ》り散《さん》じて、自然《しぜん》と乾《かわ》き去《さ》る時《とき》、氣合《きあひ》を指先《ゆびさき》に籠《こ》めて、徐《おもむろ》に指《ゆび》を伸縮《しんしゆく》すること三十六回《くわい》、之《これ》を『黄龍爪《くわうりうつめ》を探《さぐ》る法《はふ》』と稱《しよう》す。

次《つい》て黒菜豆《こくさいづ》各《かく》一個《こ》宛《づゝ》を掌《てのひら》の中央《まんなか》に置《お》き五指《し》を以《もつ》て之《これ》を挿《さ》すが、初《はじ》め輕《かる》く終《をは》りに強《つよ》くする。續《つゞ》いて豆《まめ》を火《ひ》で炙《あぶ》つてそれで手《て》の皮膚《ひふ》を摩擦《まさつ》し礪《と》ぐこと二百日《にち》、終《をは》りには小《ちひさ》い圓《まる》い石片《せきへん》を兼用《けんよう》して挿《さ》す。永《なが》く續《つゞ》けて行《おこな》ふ中《うち》に從前積《じゆうぜんつ》んだ所《ところ》の全身《ぜんしん》の氣《き》が通行《つうかう》して手《て》に至《いた》り、皮肉《ひにく》と筋膜《きんまく》と骨髓《こつずゐ》とが合《かつ》一することが出來《でき》て、秋毫《すこし》の無駄《むだ》がなくなる。

用《もち》ひない時《とき》は少《すこ》しも常人《じやうにん》と異《こと》なる所《ところ》がないが、一度所用《どしよよう》あつて氣合《きあひ》を籠《こ》めると、鐵石《てつせき》よりも堅《かた》く、二本《ほん》の指先《ゆびさき》で牛《うし》の横腹《よこはら》を突《つ》き破《やぶ》り、片手《かたて》の指《ゆび》を揃《そろ》へて横毆《よこなぐ》りに牛《うし》の頭《あたま》を切斷《せつだん》し、拳骨《げんこつ》で虎《とら》の頭腦《づなう》を紛碎《ふんさい》することが出來《でき》る。これと云《い》ふのも其《そ》の神力《しんりよく》が骨髄《こつずゐ》から出《で》て、世俗《せぞく》の外《そと》が壮《さかん》なるに過《す》ぎざるものとは全然《ぜんぜん》違《ちが》ふからである。

内壮《ないさう》と外壮《ぐわいさう》との相異《さうい》は一見《けん》して明瞭《めいれう》なる所《ところ》て、内壮《ないさう》なる者《もの》は筋條《きんでう》がよく暢《の》んで皮《かは》が細膩《さいじ》て力《ちから》が極《きは》めて強《つよ》いが、外壮《ぐわいさう》なる者《もの》は皮《かは》が粗老《そらう》て筋《すぢ》が皮《かは》の外《そと》に浮《う》き、蚯蚓《みヽず》のやうに蟠結《ばんけつ》して居《を》り、縦令《たとへ》力《ちから》を籠《こ》めても神妙《しんめう》の作用《さよう》をなさない。是《こ》れ内壮《ないさう》の見《み》るべく貴《たつと》ぶべき所以《ゆゑん》である。

第三十　神勇八段錦

内壮《ないさう》が既《すで》に熟《じゆく》して骨力《こつりき》が堅固《けんご》となり、凝《こ》つて外《そと》へ引達《いんたつ》するやうになれば、先《ま》づ兩《りやう》手《て》を錬《ね》る。それが百日《にち》を越《こ》ゆる頃《ころ》になると十八動功《どうこう》も亦《また》最早《もはや》満足《まんぞく》し、動静《どうせい》が共《とも》に成《じゆ》就《じゆ》する。

内壮《ないさう》が完全《くわんぜん》になれば外《ほか》に更《さら》に此《こ》の八法《はふ》を加《くは》へて力《ちから》を全身《ぜんしん》に周《あまね》く充《み》たさしめる。その法《はふ》は提《てい》と擧《きよ》と推《すい》と拉《らつ》と抓《さう》と按《あん》と盪《たう》と墜《つゐ》とて、常《つね》に大樹《だいじゆ》の傍《そば》で、順序《じゆんじよ》に從《したが》ふて行《おこな》ふ。一巡滯《じゆんとどこほ》りなくすめば復《ま》た始《はじ》め、度數《どすう》を定《さだ》めず暇《ひま》さへあれば修習《しうしふ》する。やればやる程愈々《ほどいよいよ》神妙《しんめう》である。而《そ》して此《こ》の八法《はふ》はその中《うち》の一《ひと》つ宛便《づゝべん》に從《したが》つて獨行《どくかう》し、次《つぎ》から次《つぎ》へと全部《ぜんぶ》に及《およ》ばしても、精力《せいりよく》を專《もつぱ》らにする譯《わけ》で又可《またか》なりとする。

此法《このはふ》を始《はじ》むるに際《さい》しては、實力《じつりよく》と動功《どうこう》とは虚勢《きよせい》が不同《ふどう》であるから、大樹《だいじゆ》の傍《そば》で之《これ》を習《なら》ひ、提《てい》と擧《きよ》とは石《いし》を用《もち》ひて始《はじ》めは輕《かる》く漸次《ぜんじ》に重《おも》くする。推《すい》は樹身《じゆしん》に就《つ》いて行《おこな》ひ、拉《らつ》と抓《さう》と按《あん》とは大《おほ》きな枝《えだ》に就《つい》て行《おこな》ふ。盪《たう》は樹《き》の横枝《よこえだ》に攀《よ》ぢ登《のぼ》りて身體《からだ》をぶら下《さ》げて盪《ゆす》ぶる。墜《つゐ》は枝《えだ》に攀《よ》ぢ上《のぼ》つた後《のち》、手《て》を放《はな》して仰向《あほむ》けに墜《お》ち、氣合《きあひ》を背《せな》に入《い》れて地上《ちじやう》に落着《らくちやく》し、すつくと起《た》ち上《あが》るので、所謂跌態膺法《いはゆるてついうしよはふ》とは是《こ》れである。

第三十一　神勇餘功

内壯《ないさう》も外壯《ぐわいさう》も二つながら完全《くわんぜん》すれば、方《まさ》に神勇《しんゆう》を備《そな》へたものと稱《しよう》すべきである。尚爾後《なほじご》も絶間《たへま》なく演練《えんれん》して輕々《かるがる》に放逸《はういつ》となることなく、日精月華《につせいげつくわ》は云《い》はずもがな、特《とく》に錯過《さくくわ》しないやうにせねばならぬ。而《しか》して神凝《しんこ》つて氣《き》穴《けつ》に入《い》らば、常《つね》に怠《おこた》らず行《かう》持《ち》し、觀心洗心法輪自轉《くわんしんせんしんほふりんじてん》の諸法《しよはふ》に至《いた》りても、亦宜《またよろ》しく時々復習《ときどきふくしふ》し、交互《かうご》に動靜《どうせい》の二行《かう》を行《おこな》はねばならぬ。更《さら》に園林樹木《ゑんりんじゆもく》の大《おほ》きく且《か》つよく繁《しげ》つて居《ゐ》る處《どころ》を撰《えら》んで、任意《にんい》に八段錦法《だんきんはふ》を演練《えんれん》し、兼《か》ねて兩足踢蹶勾埽《りやうそくやうせんかうさう》の諸藝《しよげい》を練《ね》り、或《あるひ》は山野大石《さんやだいせき》を挺立《ていりつ》して、秀潤《しうじゆん》のものが特《とく》に多《おほ》い處《ところ》を撰《えら》んで、時々《ときどき》その傍《そば》に於《おい》て之《これ》を演《えん》ずる外《ほか》、若《も》しも松蒼《まつあを》く柏古《かしはふる》びたる高山大壑《かうざんだいえい》の畔《ほとり》、大風大雨《たいふうたいう》荒《すさ》び狂《くる》ふて流《なが》れは海潮《かいてう》の奔《はし》るが如《ごと》くに湧《わ》き立《た》つ時《とき》に際《さい》したら、宜《よろ》しく錬習《れんしふ》を行《おこな》ふ。蓋《けだ》し物《もの》の精鋭《せいえい》と天地奮溢《てんちふんいつ》の氣《き》とを取《と》つて自己《じこ》の精《せい》氣《き》を助《たす》けたならば、身體《しんたい》更《こう》に鞏固《きやうこ》となり事《こと》に當《あた》つてびくともしなくなる。

如斯《かくのごと》くにして、之《これ》を以《もつ》て世《よ》に應《おう》ずれば、以《もつ》て非常《ひじやう》の功《こう》を建《た》つることが出來《でき》、以《もつ》て不朽《ふきう》の名《な》を竹帛《ちくはく》に垂《た》るゝことが出來《でき》る。更《さら》に又之《またこれ》を以《もつ》て世《よ》に出《い》づれば、以《もつ》て金剛《こんがう》の體《からだ》を完《まつた》ふすることが出來《でき》、以《もつ》て大道《たいだう》の門《もん》に入《い》ることが出來《でき》る。正《まさ》に是《こ》れ將帥《しやうすゐ》の具《ぐ》たり、仙佛《せんぶつ》の基《もとゐ》たる者《もの》と謂《い》ふべきある。

中篇　服氣圖説

第一　服氣行功の心得

一、呑氣《どんき》は行功《かうこう》の爲《ため》に一番緊要《ばんきんえう》である。又呑氣《またどんき》は煉氣《れんき》と同《おな》じものではない。煉氣《れんき》は法《はふ》を會得《ゑとく》しないと、大抵《たいてい》は痰《たん》が塞《ふさ》がつたり、陽氣《やうき》が滯《とゞ》こつたりする患《うれい》があるが、呑氣《どんき》は至極簡易《しごくかんい》で、少《すこ》しも弊害《へいがい》が無《な》い。

凡《およ》そ氣《き》を呑《の》むには、正《たゞ》しく起立《きりつ》し、眼《め》は眞平《まつたいら》に前方《ぜんぱう》を直視《ちよくし》し、口《くち》を張《は》るにも張《は》り方《かた》がある。先《ま》づ身體《しんたい》に氣合《きあひ》を籠《こ》めて、微《かす》かに吸《す》ふて呑《の》み下《くだ》すこと、恰《あたか》も茶《ちや》や水《みづ》を喫《の》むやうでなければいかぬ。初《はじ》めは音《おと》がしないやうに呑《の》み、だん／＼する中《うち》に聲《こゑ》を立《た》てゝ呑《の》んで、ぐいと丹田《たんでん》に氣《き》を引《ひ》き入《い》れるのである。

口《くち》を張《は》る時《とき》に、餘《あま》りにつぼめ過《す》ぎてはならぬ。口《くち》が小《ちひさ》いと風《かぜ》が起《お》こり、風《かぜ》を吸《す》ふと身體《しんたい》を傷《きずつ》けるからである。

二、功《こう》を行《おこな》ふのには、疾風《しつぷう》や暴雨《ぼうう》や雷電《らいでん》の時《とき》を避《さ》けねばならぬ。此等《これら》は皆天地《みなてんち》の怒氣《どき》である。又汗《またあせ》ばんだり穢《けが》れてゐたり、乃至正《ないしただ》しくない氣《き》は嫌《きら》ふ。宜《よろ》しく高爽《かうさう》で明淨《みやうじやう》の室中《しつちう》に在《あ》つて行《おこな》はなくてはならぬ。又風《またかぜ》に當《あた》つてはならぬ。

三、毎日《まいにち》、卯《う》（午前《ごぜん》六時《じ》）と、午《うま》（正午《しやうご》）と、酉《とり》（午後《ごご》六時《じ》）との三時《じ》に、三度《ど》行《おこな》ふのであるが、之《これ》は規則正《きそくただ》しくしなくてはならぬ。間斷《かんだん》があつたり、時間《じかん》を長延《ながのび》さしたりしてはならぬ。

起《お》きたてに空腹《くうふく》で以《もつ》て先《ま》づ卯功卽《うこうすなは》ち六時《じ》に功《こう》を行《おこな》ひ、晝飯前《ちうはんぜん》に午功《ごこう》を爲《な》し、日沒《にちぼつ》の時《とき》に酉功卽《ゆうこうすなは》ち午後《ごご》六時《じ》の功《こう》を爲《な》すのが通例《つうれい》ではあるが、起《お》きしなと寢《ね》しなとに、卯《う》功《こう》と酉功《ゆうこう》とを爲《な》して、其《そ》の中間《ちうかん》に時刻《じこく》を見計《みはか》つて、一度《ど》行《おこな》ふてもよい。然《しか》し總《そう》じて何時《いつ》も空腹《くうふく》でなければならぬ。

功《こう》を行《おこな》ふ時《とき》には、空氣《くうき》の流通《りうつう》を良《よ》くせねばならぬ。閉塞《へいそく》してゐると、氣《き》が沈滯《ちんたい》して身體《しんたい》を害《そこ》ねることがある。

圖中《づちう》の六十四式《しき》は全部《ぜんぶ》を二時間《じかん》で終了《しうれう》して、實功《じつこう》を收《をさ》むるやうになつてゐる。

四、氣《き》を呑《の》む時《とき》には、頭《あたま》を仰《あふ》いてもいけず、又俯《またふ》してもいけない。仰《あふ》げば上昇《じやうしよう》するし俯《ふ》せば下陷《げかん》する。中道《ちうせう》を行《ゆ》かなければならぬ。實《じつ》に此功《このこう》は大《たい》したもので勞《つか》れたり弱《よわ》つたりした時《とき》に功《こう》を行《おこな》へば、精神立處《せいしんたちどころ》に爽快《さうくわい》となる。

五、行者《ぎやうじや》は、病氣《びやうき》があつても無《な》くても、皆服藥《みなふくやく》してはならぬ。反《かへ》つて氣《き》を滯《とどこほ》らすからである。肺病《はいびやう》や心臟病《しんざうびやう》でも、功《こう》を行《おこな》へば誓《ちか》つて全癒《ぜんゆ》する。

毎日《まいにち》の行功《かうこう》は必《かなら》ず三度《ど》でなければならぬ。二度《ど》しかやらなかつたり、四度《ど》以上《いじやう》もやるのは、共《とも》に宜《よろ》しくない。又行《またおこな》ふ時《とき》には力《ちから》を入《い》れてはいけない。總《そう》じて自然《しぜん》に出《い》づるのが良《よ》い。

六、行功《かうこう》の當初《たうしよ》は、酒色《しゆしよく》を戒《いまし》めねばならぬ。三ケ月後《げつご》は差支《さしつかへ》はないが、身體《しんたい》の弱《よわ》い者《もの》は、嚴《げん》に戒《いまし》めて始終之《しじゆうこれ》を絶《た》たねばならぬ。

七、此功《このこう》は女《をんな》でも老人《らうじん》でも子供《こども》でも出來《でき》る。女《をんな》が之《これ》を行《おこな》へば終身難産《しゆうしんなんざん》の患《うれ》ひが無《な》いばかりか、膂力《りよりよく》が勇健《ゆうけん》になつて男《をとこ》に負《ま》けないやうになり、老人《らうじん》は壯年《さうねん》のものと變《かは》らないやうになる。

八、功《こう》の初《はじ》めは平和架《へいわか》を行《おこな》ふ。呑氣《どんき》七口《こう》を十日續《かつゞ》けた後《のち》、武功頭式左右各一偏《ぶこうたうしきゆうかくいつぺん》と呑氣《どんき》六口《こう》とを加《くは》へる。又《また》十日《か》を過《す》ぎると、武功頭式左右各一偏《ぶこうたうしきゆうかくいつぺん》と呑氣《どんき》六口《こう》とを加《くは》へる。又《また》十日目《かめ》に同《おな》じやうに增加《ぞうか》して、計《けい》武《ぶ》功頭式三偏《こうたうしきさんぺん》と呑氣《どんき》十八口《こう》とを加《くは》へる。又《また》十日《か》經《た》つと、伏膝式左右各三偏《ふくしつしきゆうかくさんぺん》と呑氣《どんき》六口《こう》とを加《くは》へ、平和架中《へいわかちう》の望月式《ばうげつしき》を改《あらた》めて撈《らう》月式《げつしき》となし、今《いま》までの氣式《きしき》を除《のぞ》く。又《また》十日《か》を過《す》ぎれば、站消式《たんせうしき》左右各《さいうかく》一偏《ぺん》と呑氣《どんき》六口《こう》とを加《くは》へる。又《また》十日目《かめ》に再《ふたゝ》び同樣《どうやう》に增加《ぞうか》して、日數《ひかず》を積《つ》もること八十日《にち》、吞氣《どんき》を算《かぞ》へること四十九口《こう》となる。そこで打功《だこう》を行《おこな》ふのである。

九、打功用《だこうよう》の連穀《れんこく》は粟穀《あわがら》を長圓形《ちやうゑんけい》の小《ちひ》さい布袋《ぬのぶくろ》に收《をさ》めたものである。袋《ふくろ》は二枚重《まいかさ》ねの藍色《あゐいろ》の布《きれ》で出來《でき》てゐて、長《なが》さが一尺《しやく》八九寸《すん》、周圍《しうゐ》が三四寸《すん》で、恰度《ちやうど》筒袖着物《つゝそできもの》の上袖《うはそで》のやうである。一方《ぱう》は底《そこ》がついてゐて、一方《ぱう》は口《くち》が開《あ》いてゐる。粟穀《あわがら》を袋《ふくろ》に入《い》れるのには、ぎつしりと八九寸《すん》ばかりの間《あひだ》に詰《つ》めて、實《み》と空《から》との境目《さかひめ》を紅頭《こうとう》の繩《なは》で緊《し》め括《くく》る。餘《あま》りの空袋《からぶくろ》の部分《ぶぶん》は、手《て》で握《にぎ》る時《とき》の柄《え》の用《よう》をなすので、粟穀《あわがら》の重《おも》さは約《やく》二斤《きん》、力《ちから》のない者《もの》や弱《よわ》い者《もの》には稍《や》や減《げん》じてよい。

十、打功《うちこう》は左《ひだり》を先《さき》にし、右《みぎ》を後《うしろ》にし、四面《めん》とも隈《くま》なく打《う》つことが肝要《かんえう》である。先《ま》づ左《ひだり》の内臂《うちひぢ》から肘《ひぢ》にと順々《じゆん〲》に打《う》つて、左《ひだり》の手《て》の心《しん》に至《いた》りて、中指《なかゆび》の尖《さき》で止《と》める。之《これ》が爲《ため》に左手《さしゆ》を裏向《うらむ》けにする。次《つぎ》に左《ひだり》の外臂《ぐわいひ》から肘《ひぢ》にと順々《じゆん〲》に打《う》つて、左《ひだり》の手《て》の甲《かふ》に至《いた》りて、中指《なかゆび》の尖《さき》て止《と》める。之《これ》が爲《ため》に左手《さしゆ》を外《そと》に向《む》ける。次《つぎ》に左《ひだり》の外側臂《そとがはひぢ》から打《う》ち始《はじ》めて、左《ひだり》の小指《こゆび》の外側《そとがは》に至《いた》りて止《と》める。之《これ》が爲《ため》に左手《さしゆ》を下向《したむ》けにする。次《つぎ》に左《ひだり》の肩甲《けんこう》から打《う》ち始《はじ》めて、左手《さしゆ》に至《いた》り、母指《おやゆび》の外側《そとがは》に至《いた》りて止《と》める。之《これ》が爲《ため》に左手《さしゆ》を上《うへ》へ向《む》ける。左手《さしゆ》の四面《めん》を打《う》ち畢《をは》つたならば、續《つゞ》いて左足《さそく》を打《う》つ。

先《ま》づ左肋《ひだりあばら》、左脇《ひだりわき》から打《う》ち始《はじ》めて、順々《じゆん〲》に小腹《こはら》に至《いた》り、上腿《うはもゝ》、膝《ひざ》、臁《けん》、脚《きやく》、足《あし》、趾《あしゆび》に及《およ》んで止《と》める。之《これ》が爲《ため》に左足《さそく》を前《まへ》に正面《しやうめん》に向《む》ける。次《つぎ》に左《ひだり》の腋下《わきした》から打《う》ち始《はじ》め、腰《こし》の根附《ねづ》けを斜《なゝめ》に打《う》つて、左《ひだり》の外踝《そとくびす》に至《いた》り、左小趾《ひだりこあしゆび》の側面《そくめん》に至《いた》れば止《と》める。之《これ》が爲《ため》に左足《さそく》を外《そと》に向《む》ける。次《つぎ》に左《ひだり》の血盆骨下《けつぼんこつか》から打《う》ち始《はじ》めて、順々《じゆん〲》に肚腹《ひはら》に至《いた》る。卽《すなは》ち脇腹《わきばら》の際《きは》から横《よこ》に打《う》つて、肚腹《ひはら》に至《いた》れば、左手《ひだりて》を右手《みぎて》と換《か》へて袋《ふくろ》を持《も》ち、右《みぎ》から横《よこ》に打《う》つて肚腹《ひはら》の左側《ひだりがは》に至《いた》る。此時《このとき》右手《みぎて》で外臂《そとひぢ》を掩護《えんご》する。左手《ひだりて》は再《ふたゝ》び小腹《こはら》の左側《ひだりがは》から打《う》ち始《はじ》めて、腿《もゝ》の裏側《うらがは》から、脚《あし》の後面《こうめん》、後踝《あとくびす》、足《あし》の裏《うら》、趾《あしゆび》の裏尖《うらさき》に至《いた》りて止《と》める。之《これ》が爲《ため》に左足《さそく》を裏向《うらむ》けにする。

次《つぎ》に兩手《りやうて》に袋《ふくろ》を執《と》つて、頭《あたま》を越《こ》えて左《ひだり》の脊中《せなか》を打《う》ち、二十回《くわい》て、右手《みぎて》だけて下《さか》つて、左《ひだり》の脊下《せした》を打《う》つ。打《う》つのには手《て》を反《か》へす。次《つぎ》に左臂《ひだりしり》から腿《もゝ》、曲秋《きよくしゆう》（膝《ひざ》の部分《ぶぶん》）腿《もゝ》、肚《のはら》、踵《かゝと》に至《いた》りて止《と》める。之《これ》が爲《ため》に左足《さそく》を後《うし》ろ向《む》けにする。左足《さそく》の四面《めん》とも打《う》ち終《をは》つたならば、續《つゞ》いて同《おな》じ様《やう》に、右手《みぎて》と右足《みぎあし》とを打《う》つ。

打《う》つ時《とき》は必《かなら》ず上《うへ》から下《した》へと打《う》つて、綿密《めんみつ》に順序《じゆんじよ》よく、決《けつ》して脱漏《だつろう》があつてはならぬ。又逆《またぎやく》に打《う》つてもならぬ。若《も》し脱漏《だつろう》があつても、後《あと》から之《これ》を補《おぎな》ふてはいけない。總《そう》じて一氣《き》に順序《じゆんじよ》に從《したが》つて打《う》たねばいけぬ。

凡《およ》そ打《う》つ時《とき》は必《かなら》ず先《ま》づ一口氣《ひとくちき》を呑《の》まねばならぬ。て其《そ》の計《けい》十六口《こう》を前《まへ》のに加《くは》へると、六十五口《こう》となる。打功《だこう》を行《おこな》ふて一二ケ月後《げつご》、巡手《じゆんしゆ》七式《しき》と呑氣《どんき》四口《こう》とを加《くは》へる。十日過《かす》ぐれば、再《ふたゝ》び偏提式《へんていしき》と呑氣《どんき》六口《こう》と、正提式《せいていしき》と呑氣《どんき》三口《こう》とを加《くは》へる。又《また》十日過《かす》ぐれば、薛公站式《へいこうたんしき》と呑氣《どんき》三口《こう》とを加《くは》へる。又《また》十日《か》經《た》てば再《ふたゝ》び列肘式《れつちうしき》と呑氣《どんき》六口《こう》とを加《くは》へる。其《そ》の計《けい》二十二口《こう》の呑氣《どんき》を前《まへ》の六十五口《こう》に加《くは》へると、總計《そうけい》八十七口《こう》となる。之《こ》れで第《だい》一段《だん》の功《こう》が全部完了《ぜんぶくわんれう》するのである。

十一、此卷《このくわん》に掲載《けいさい》した六十四圖《づ》は僅《わづか》に入門第《だい》一段《だん》の功《こう》ばかりで、若《も》し傳《つた》はる所《ところ》を悉《ことごと》く擧《あ》げるならば千餘式《よしき》を下《くだ》らない。初《はじ》めに第《だい》一段《だん》を行《おこな》へば、百病《びやう》を除《のぞ》いて精神《せいしん》が活《い》き〳〵延《の》び〳〵する。

尚《なほ》第《だい》二段《だん》第《だい》三段《だん》第《だい》四段《だん》がある。之《これ》を全部《ぜんぶ》通算《つうさん》すると二ヶ年《ねん》で爲《な》し遂げることが出《で》來《き》る。功《こう》を成就《じやうじゆ》すれば百脈《みやく》が貫通《くわんつう》して機能《きのう》が良《よ》くなり、氣力《きりよく》が旺盛强固《わうせいきやうこ》となる。易《えき》筋經《きんきやう》に云《い》ふ如《ごと》く、二本《ほん》の指《ゆび》を以《もつ》て牛《うし》の腹《はら》を貫《つらぬ》き、片手《かたて》で以《もつ》て牛《うし》の頸《くび》を切斷《せつだん》することが出《で》來《き》るやうになる。そうして此《こ》の六十餘《よ》式《しき》を行《おこな》ひ勉《つと》めたならば、病《やまひ》を却《しりぞ》けて壽命《じゆみやう》を延《の》べることが出來《でき》る。

一體《たい》、病氣《びやうき》が內藏《ないざう》にある者《もの》は服藥《ふくやく》して治《なほ》すことが出來《でき》るが、病氣《びやうき》が筋絡《きんらく》にある者《もの》は、服藥《ふくやく》しても其《そ》の效能《かうのう》が通《つう》じない。筋絡《きんらく》を貫通《くわんつう》し、開《ひら》き舒《の》ばし、血氣《けつき》を滯《とゞこ》らさないやうにするのは、此功《このこう》を行《おこな》ふより外《ほか》に術《じゆつ》がない。

現今之《げんこんこれ》を行《おこな》ふて效顯《かうけん》有《あ》る者《もの》が夥《おびたゞ》しい。所《ところ》が此法《このはふ》を授《さづ》ける人《ひと》は、之《これ》を會得《ゑとく》しても、自分《じぶん》だけの胸《むね》の中《うち》へ納《をさ》めて、傳《つた》へるのにも口授《こうじゆ》で、決《けつ》して書《か》き物《もの》にしない。そこで其道《そのみち》に關係《くわんけい》ある家《いへ》でも、之《これ》を指導《しだう》する言動《げんどう》を愼《つゝし》んで、其《そ》の傳授《でんじゆ》を欲《ほつ》しない。又其姓《またそのせい》名《めい》を以《もつ》て著述《ちよじゆつ》しやうとしない。然《しか》し、其法《そのはふ》は實《じつ》に養生《やうじやう》に裨益《ひえき》する事《こと》が大《だい》である。乃《よつ》て爰《こゝ》に其《そ》の口授《こうじゆ》する者《もの》を敎示《けうし》に基《もと》いて、圖《づ》を畫《ゑが》き說《せつ》を作《つく》り、之《これ》を印刷《いんさつ》して以《もつ》て江《かう》湖《こ》に公《おほやけ》にした。之《これ》に依《よ》つて吾《わ》れ人共《ひととも》に與《とも》に、仁壽《じんじゆ》の域《ゐき》に登《のぼ》らんと欲《ほつ》するのである。

第二　行功の順序

功《こう》を行《おこな》ふ順序《じゆんじよ》竝《ならび》に其《そ》の組合《くみあは》せ方《かた》は左《さ》の通《とほ》りである。

一、騎馬式《きばしき》、望月《ぼうげつ》、舒氣《じよき》

二、騎馬式《きばしき》、武功頭《ぶこうとう》、望月《ぼうげつ》、舒氣《じよき》

三、騎馬式《きばしき》、武功頭《ぶこうとう》、伏膝《ふくしつ》、撈月《らうげつ》

四、騎馬式《きばしき》、武功頭《ぶこうとう》、伏膝《ふくしつ》、站消《たんせう》、撈月《らうげつ》

五、騎馬式《きばしき》、武功頭《ぶこうとう》、伏膝《ふくしつ》、站消《たんせう》、打穀袋《だこくたい》、撈月《らうげつ》

六、騎馬式《きばしき》、武功頭《ぶこうとう》、巡手《じゆんしゆ》、玉帶《ぎよくたい》、垂腰《すゐえう》、提袍《ていはう》、幞頭《ぼくとう》、搔面《さうめん》、朝笏《ちやうせい》、伏膝《ふくしつ》、站消《たんせう》、
打穀袋《だこくたい》、撈月《らうげつ》

七、騎馬式《きばしき》、武功頭《ぶこうとう》、巡手七式《じゆんしゆしちしき》、偏提《へんてい》、正提《せいてい》、伏膝《ふくしつ》、站消《たんせう》、打穀袋《だこくたい》、撈月《らうげつ》

第三　行功六十四式の要領

（一）平和架《へいわか》（騎馬式《きばしき》の一）

身體《からだ》を平《たひら》にして正《たゞ》しく立《た》ち、兩足《りやうそく》を肩幅《かたはゞ》と同《おな》じ間隔《かんかく》に開《ひら》き、兩手《りやうて》の掌《てのひら》を上《うへ》に向《む》け、身體《からだ》に觸《ふ》れないやうに平《たひら》に開《ひら》いて、腰《こし》と並行《へいかう》させる。

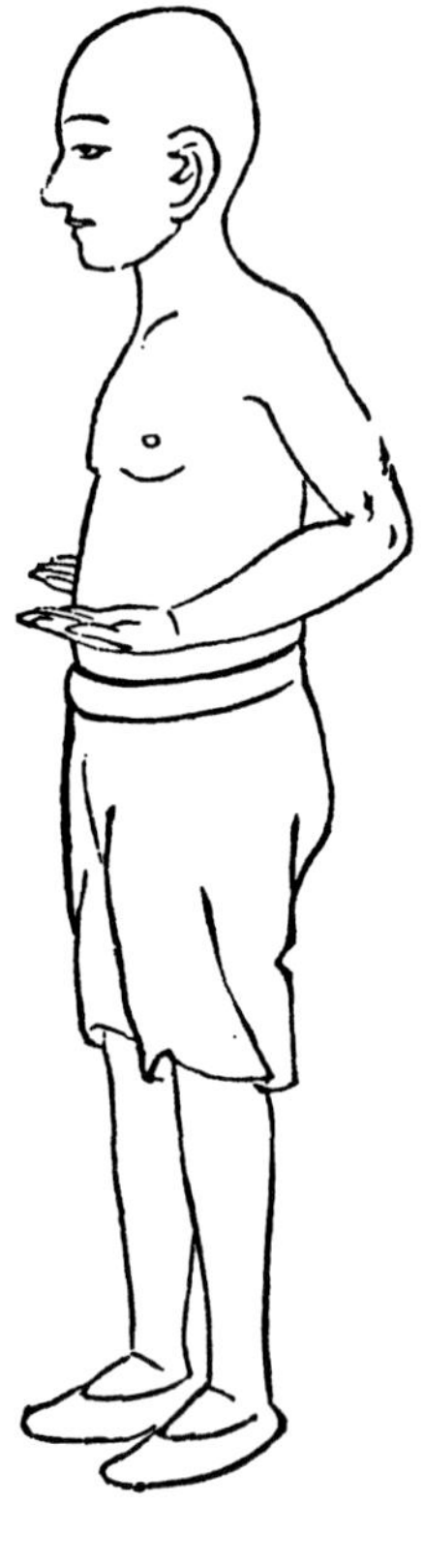

（二）平和架《へいわか》（騎馬式《きばしき》の二）

兩手《りやうて》を翻《ひるが》へして手背《てのせ》を上《うへ》に向《む》け、腰《こし》と並行《へいかう》させる。

（三）平和架《へいわか》（騎馬式《きばしき》の三）

横腹《よこはら》から外方《そと》へ平《たひら》に兩手《りやうて》を廻《ま》はして。一圓周《えんしう》を作《つく》ること。圓壔《えんとう》の頂《いたゞき》を磨《ま》するやうにする。

（四）平和架《へいわか》（騎馬式《きばしき》の四）

兩手《りやうて》を前《まへ》に向《む》けて、掌心《しやうしん》を眞直《まつすぐ》に伸《のば》し、十指《し》を上前方《うへぜんぱう》に向《む》ける。その高《たか》さは乳《ちゝ》と同《おな》じである。時間《じかん》と間合《まあひ》とを同樣《どうやう》にして、三度《ど》ばかり呼吸《こきふ》する。

呑氣《どんき》をする間《あひだ》は眼《め》を閉《と》ぢ、呑氣《どんき》が終《をは》つて眼《め》を開《ひら》く。これは是《こ》れから以後《いご》毎《つね》にさうする。無論《むろん》左右《さいう》上下《じやうげ》とも皆《みな》、三呼吸《こきふ》を以《もつ》て定率《ていりつ》とする。

（五）平和架《へいわか》（騎馬式《きばしき》の五）

左足《さそく》を一歩《ぽ》横《よこ》に開《ひら》き、左膝《さしつ》を曲《ま》げて左脚《さきやく》を斜《なゝめ》にし、右腿《うたい》と右脚《うきやく》を眞直《まつすぐ》にする。左《さ》手《しゆ》は大腿《だいたい》の上《うへ》に置《お》いて、母指《おやゆび》を後《うしろ》に向《む》け、右手《めて》を耳《みゝ》の後《うしろ》から繞下《ぎやうか》して、五指《し》を捻《ひね》り聚《あつ》める。指尖《ゆびさき》は後《うしろ》に向《む》けて雕手《てうしゆ》（鷲《わし》の爪《つめ》に似《に》た形《かたち》）を作《つく》る。

（六）平和架《へいわか》（望月式《ばうげつしき》）

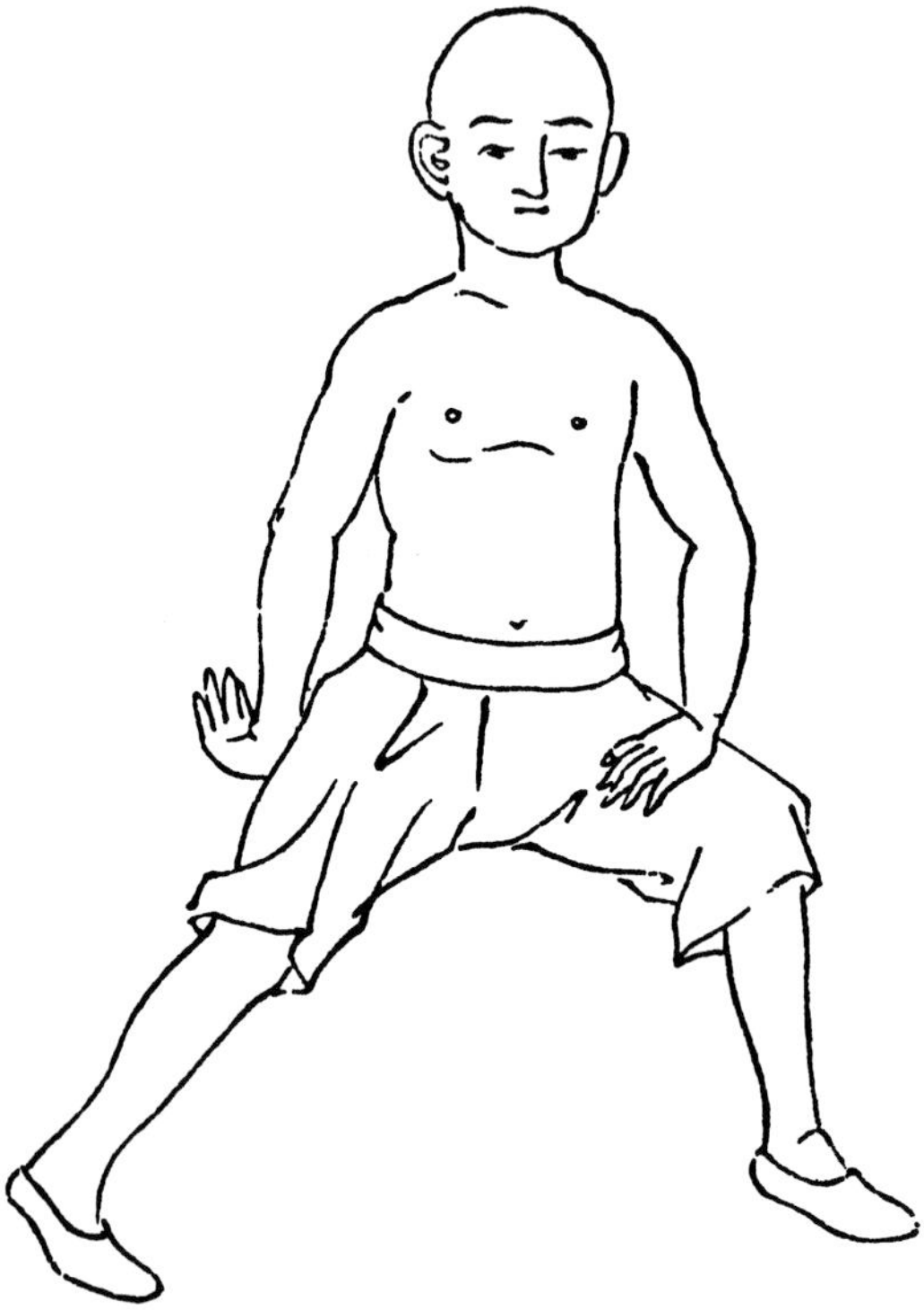

上式《じやうしき》を承《う》け、左手《さしゆ》を擧《あ》げて目《め》の高《たか》さと同《おな》じにし、五本《ほん》の指《ゆび》を空握《からにぎ》りする。即《すなは》ち拇《おや》

指《ゆび》と小指《こゆび》、食指《しよくし》と無名指《むめいし》とを向《む》き合《あは》せ、中指《なかゆび》を微《かす》かに擧《あ》げて手心《たなごゝろ》を、茶碗《ちやわん》の蓋《ふた》が入《はい》る位《くらゐ》に空《くう》にする。さうして先《ま》づ目《め》で左手《さしゆ》の高低《かうてい》を視《み》て、それから正面《しやうめん》に向《む》き直《なほ》つて、一口《くち》呑《どん》氣《き》し、復《ま》た頭《かしら》を左《さ》に轉《てん》じて、左手《さしゆ》の拇指《ぼし》と食指《しよくし》との間《あひだ》を見《み》る。右《みぎ》も同樣《どうやう》

である。左右各々《さいうおのおの》三度《ど》、同時《どうじ》に呑氣《どんき》六口《こう》を行《おこな》ふ。

（七）平和架《へいわか》（舒氣式《じよきしき》の一）

此《こ》れは騎馬式《きばしき》の一に似《に》てゐるが、但《た》だ掌《てのひら》を仰《あを》ぎ屈《かゞ》める丈《だ》けが違《ちが》つてゐる。

（八）平和架《へいわか》（舒氣式《じよきしき》の二）

掌《てのひら》を反轉《はんてん》しながら、前方《ぜんぽう》に眞直《まつすぐ》に推《お》し出《だ》すので、騎馬式《きばしき》の四に似《に》てゐるが、呑《どん》氣《き》はしない。

（九）武《よ》功《こう》頭《とう》第《だい》一式《しき》

左《さ》足《そく》を曲《ま》げて、右《う》足《そく》を眞直《まつすぐ》にし、左《さ》手《しゆ》を腿《もゝ》の上面《じやうめん》に置《お》いて拇指《をやゆび》を後《うし》ろに向《む》け、右《め》手《て》を耳《みゝ》の後方《こうはう》から廻《ま》はして下《さ》げて、指《ゆび》を鷲爪形《わしつめかた》にする。正面《しやうめん》を向《む》いて一口《くち》呑《どん》氣《き》をしたら頭《かしら》を轉《てん》じて左《ひだり》を視《み》る。

（一〇）武《ぶ》功《こう》頭《とう》第《だい》二式《しき》の一

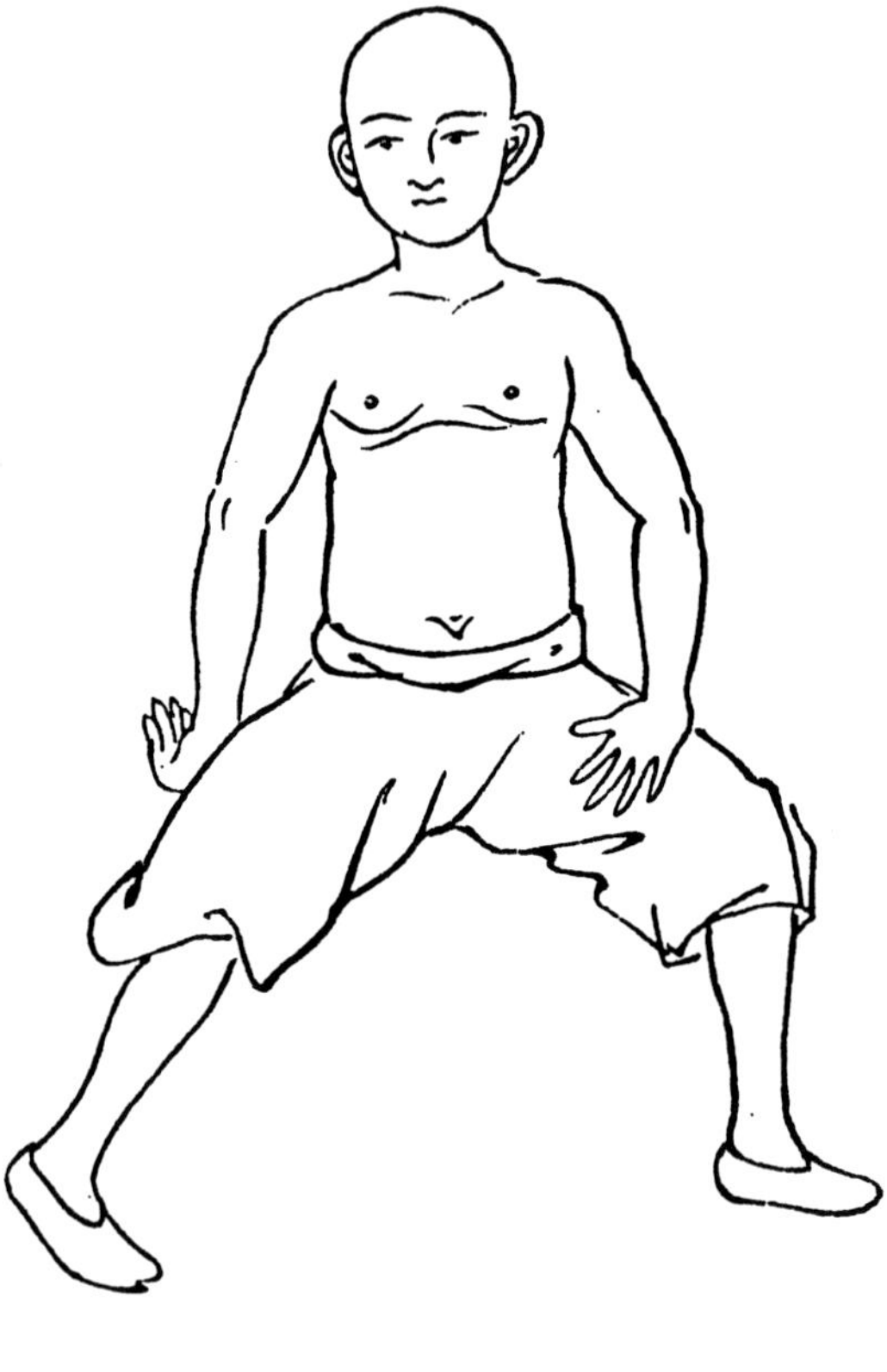

腿の上《うへ》の左手《さしゆ》を左《ひだり》へ向《む》けながら、前《まへ》へ眞直《まつすぐ》に伸《のば》して、手《て》の平《ひら》を上《うへ》に向《む》ける。

（一一）武《よ》功頭《こうとう》第《だい》二式《しき》の二

伸《のば》した左《さ》手《しゆ》を出《で》た勢《いきほひ》て後《うしろ》へ回《か》へして胸《むね》と同《おな》じ高《たか》さにし、又《また》出《だ》しては又《また》収《をさ》めること前後《ぜんご》二回《くわい》

（一二）武《ぶ》功頭《こうとう》第《だい》二式《しき》の三

胸《むね》へ來《き》た左《さ》手《しゆ》を一轉《てん》して、拇指《おやゆび》を上《うへ》に、四指《し》を下《した》にし、掌心《しやうしん》を胸《むね》と相對《あひたい》さしめて、一口《くち》呑《どん》氣《き》する。

（一三）武《よ》功頭第《こうとうだい》二式《しき》の四

叉手《またて》を一轉《てん》して、拇指《おやゆび》を下《した》に中指《なかゆび》を上《うへ》にし、頭《かしら》を轉《てん》じて左《ひだり》を視《み》る。

（一四）武功頭《ぶこうとう》第《だい》三式《しき》の一

上式《じやうしき》を承《う》け、胸《むね》に對《たい》した左手《さしゆ》を、掌《てのひら》を仰向《あをむ》かせながら、耳《みゝ》の後《うし》ろから左《ひだり》の方《はう》へ伸《のば》し出《だ》す。

（一五）武《ぶ》功《こう》頭《とう》第《だい》三式《しき》の二

伸《のば》した手《て》を出《だ》した勢《いきほひ》で元《もと》へ回《かへ》し、拳《こぶし》を握《にぎ》つて手《て》の甲《かふ》を上《うへ》に向《む》けて、胸《むね》と平行《へいかう》にする。一口《くち》呑《どん》氣《き》したら頭《かしら》を轉《てん》じて左《ひだり》を視《み》る。右《みぎ》も同様《どうやう》である。左右《さいう》各々《おのおの》三度《ど》。呑《どん》

氣《き》十八口《こう》を行《おこな》ふ。

（一六）巡手式《じゆんしゆしき》

身體《しんたい》を平《たいら》にして正《ただ》しく立《た》ち、兩足《りやうあし》を一尺《しやく》五六寸《すん》開《ひら》き、兩肘《りやうひぢ》を前《まへ》に向《む》けて水平《すゐへい》に伸《のば》し兩腕《りやううで》を直直《まつすぐ》に立《た》てる。指《ゆび》は五本《ほん》とも開《ひら》いて、兩掌《りやうてのひら》を相對《あひたい》させる。

（一七）玉帶式《ぎよくたいしき》

相對《あひたい》した兩手《りやうて》を分開《ぶんかい》し、耳《みゝ》の後《うしろ》から捻《ねじ》りながら、推《お》し下《おろ》して腰《こし》の處《ところ》に至《いた》り、大凡《おほよそ》臍《へそ》と水平《すゐへい》にする。左右《さいう》の指《ゆび》と指《ゆび》とは、遙《はるか》に相對《あひたい》して腰《こし》を夾《はさ》む形《かたち》をする。指先《ゆびさき》が身體《しんたい》を離《はな》れることは三寸《ずん》許《ばか》り、呑《どん》氣《き》一口《くち》する。

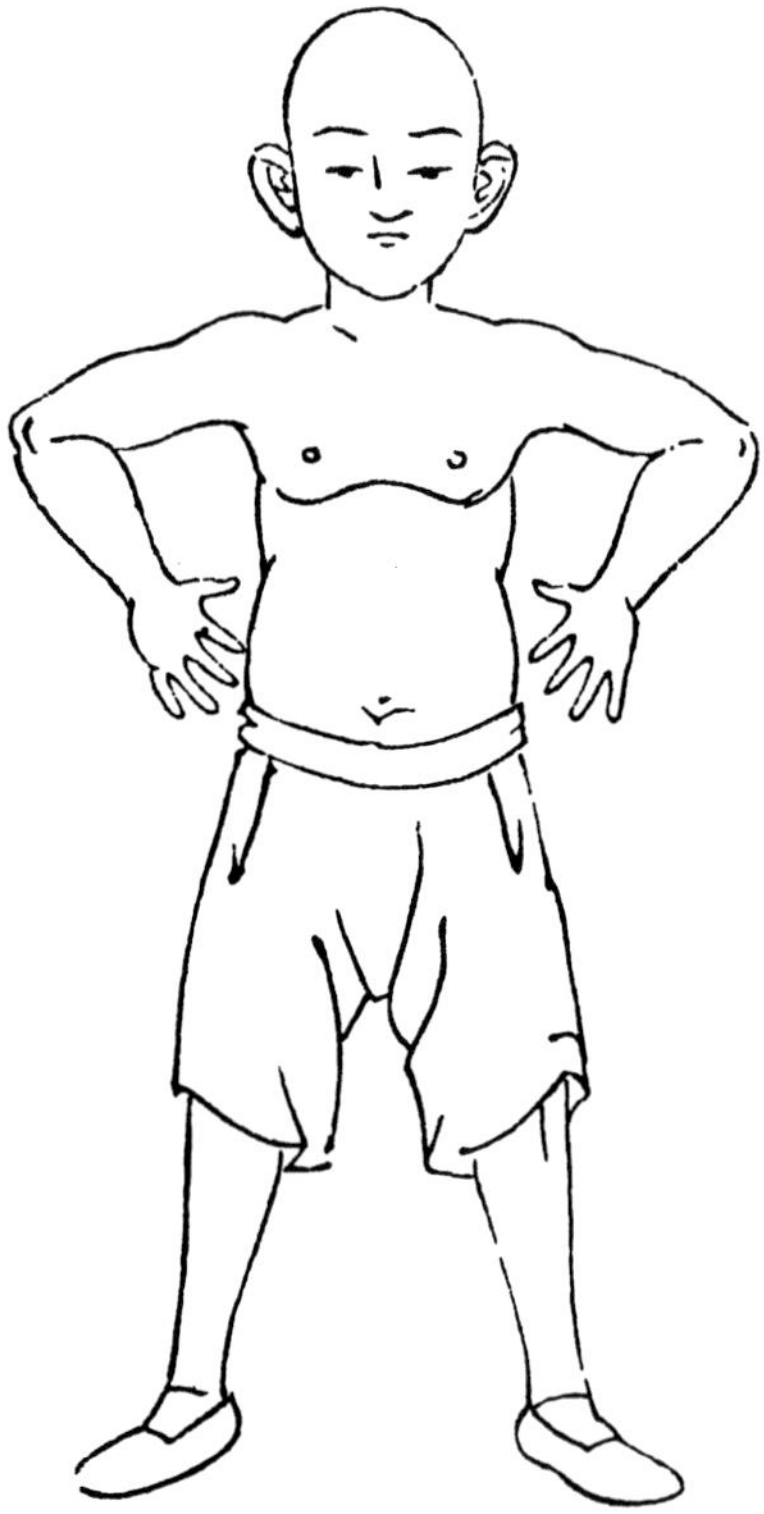

（一八）垂腰式《すゐえうしき》

兩手《りやうて》て拳《こぶし》を握《にぎ》りながら、腰《こし》に對《たい》して手《て》の甲《かふ》を下《した》に向《む》ける。正面《しやうめん》を向《む》いて一口《くち》呑氣《どんき》する。

（一九）提袍式《ていはうしき》

兩拳《りやうこぶし》を放開《はうかい》して脇下《わきした》から轉出《てんしゆつ》する。卽《すなは》ち掌《てのひら》を覆《くつが》へして前《まへ》に向《む》け、水平《すゐへい》に伸《の》すの

て、恰度《ちやうど》物《もの》を提《さ》げてゐるやうな形《かたち》となる。正面《しやうめん》を向《む》いて、一口《くち》呑氣《どんき》する。

（二〇）幞面式《ぼくめんしき》

兩手《りやうて》を分開《ぶんかい》して下《おろ》さうとするのを、脇下《わきした》から頭上《づじやう》へ轉出《てんしゆつ》し、頭《あたま》から七八寸許《すんばか》り離《はな》して、掌《てのひら》を外《そと》に向《む》けて指《ゆび》を開《ひら》く。指尖《ゆびさき》は斜《なゝめ》に相對《あひたい》し、拇指《おやゆび》の尖《さき》を垂《た》れて目《め》と平行《へいかう》にする。

（二一）搔面式其《さうめんしきその》一

兩手《りやうて》の掌《てのひら》を前《まへ》に向《む》けて一列《れつ》に並《なら》べ、顎《あご》の前方《ぜんはう》へ持《もつ》て來《く》る。兩小指《りやうこゆび》と兩肘《りやうひぢ》とは相《あひ》觸《ふ》れてゐて、持《も》つて來《き》た勢《いきほひ》で、上《うへ》へ伸《のば》して額《ひたひ》を過《す》ぎるまで擧《あ》げる。

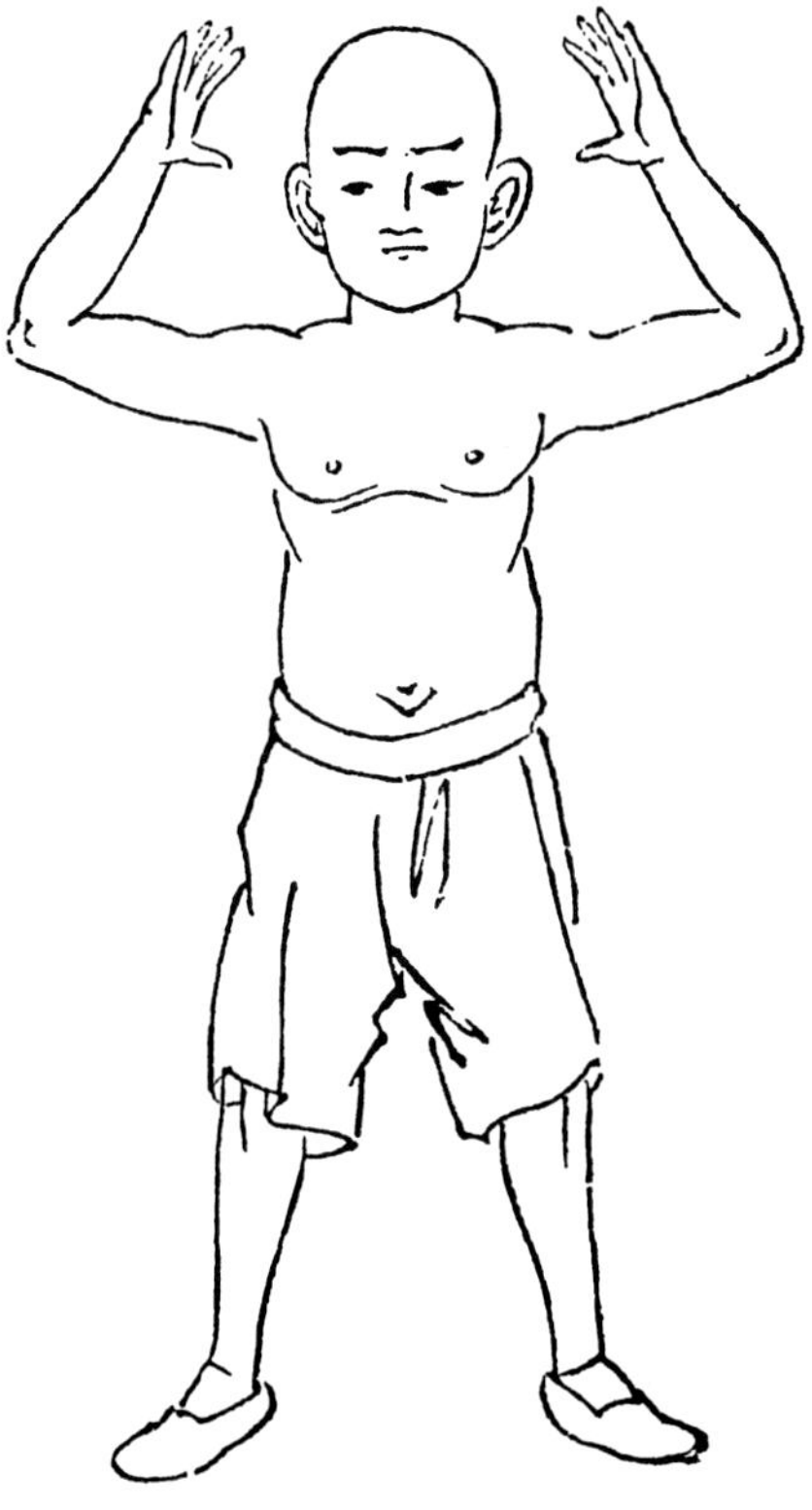

（二二）搔面式其《さうめんしきその》二

十指《し》を漸次《ぜんじ》に曲《ま》げて拳《こぶし》を握《にぎ》つて、顎《あご》の下《した》に置《お》き、又《また》十指《し》を散開《さんかい》しながら、兩方《りやうはう》の拇指《をやゆび》を並《なら》べて、手《て》を伸《のば》して額《ひたひ》を過《す》ぎるまで擧《あ》げる。次《つぎ》に指《ゆび》を漸次《ぜんじ》に曲《ま》げながら、小《こ》指《ゆび》と小指《こゆび》とを並《なら》べて、握《にぎ》り拳《こぶし》をして、顎《あご》の下《した》に持つて來《く》る。腕《うで》と肘《ひぢ》もよく附著《ふちやく》して居《を》らねばならぬ。

(二三) 朝笏式《ちやうせんしき》

兩《りやう》の拳《こぶし》を左右《さいう》に開《ひら》き離《はな》さうとして、肩《かた》と水平《すゐへい》の位置《ゐち》に止《と》めて、圓《まる》い物《もの》を抱《だ》く形《かたち》をする。手《て》の甲《かふ》を上《うへ》に向《む》けて、兩拳《りやうこぶし》を一尺《しやく》八九寸離《すんはな》して相對《あひたい》させ、正面《しやうめん》を向《む》いて、一口吞氣《くちどんき》する。

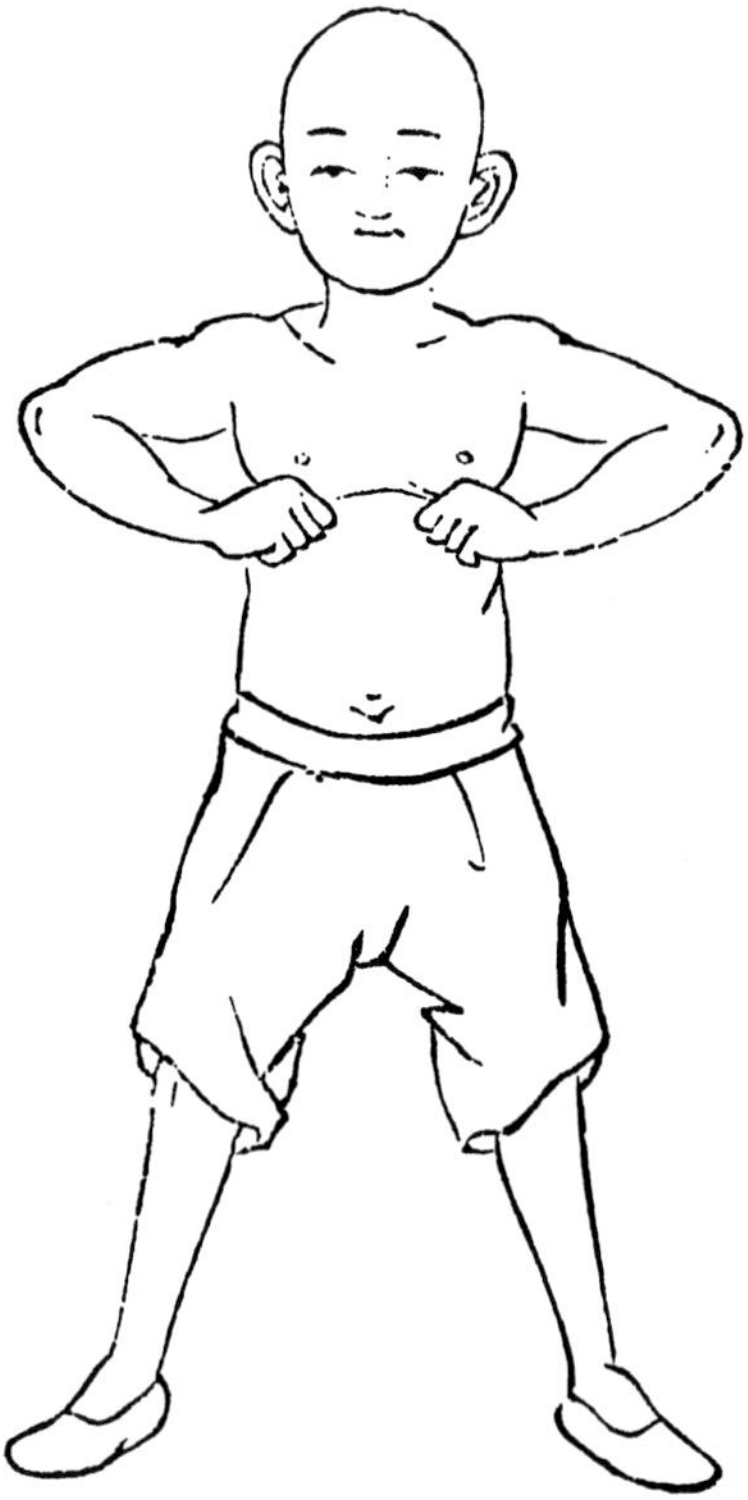

（二四）偏提式《へんていしき》其《その》一

身體《しんたい》を横《よこ》にして斜《なゝめ》に立《た》ち、左足《さそく》を曲《ま》げて右足《うそく》を眞直《まつすぐ》にし、兩手《りやうて》を交叉《かうさ》して力《ちから》を籠《こ》めて上《うへ》に擧《あ》げて頭《あたま》の頂上《ちやうじやう》まで持《も》つて行《ゆ》く。

（二五）偏提式其二《へんていしきその》

漸次《ぜんじ》に腰《こし》を弓形《ゆみがた》に屈《ま》げて恭《きよう》を打《う》つやうな格好《かくかう》（拜禮《はいれい》する形《かたち》）をし、膝《ひざ》の前《まへ》で兩手《りやうて》は一旦《たん》分《わか》れて、脚《あし》の裏側《うらがは》まで至《いた》る。至《いた》れば又《また》掌《てのひら》を反《かへ》して下向《したむ》けにすると同時《どうじ》に、

前《まへ》に振《ふ》り出《だ》して合《あは》せ組《く》み、膝《ひざ》と顎《あご》との中間處《ちうかんしよ》に止《と》める。そして一振《ふ》り振《ふ》つて、腰《こし》を伸《の》ばして身體《しんたい》を眞直《まつすぐ》にする。

（二六）偏提式其三《へんていしきその》

兩手《りやうて》を分開《ぶんかい》しながら、耳《みゝ》の後《うし》ろから一廻《ま》はして、拳《こぶし》を握《にぎ》り肘《ひぢ》を曲《ま》げて、圏圓《けんゑん》を作《つく》る。兩拳《りやうこぶし》は一尺《しやく》八九寸許《すんばか》り離《はな》れて相對《あひたい》し、手《て》の甲《かふ》を上《うへ》に向《む》け、一口呑氣《くちどんき》する。右《みぎ》も

同様《どうやう》である。左右《さいう》各々《おの〱》三度《ど》、呑氣《どんき》六口《くち》を行《おこな》ふ。

（二七）正提式《せいていしき》其《その》一

兩脚《りやうあし》を一尺《しやく》五六寸《すん》ばかり離《はな》して正《たゞ》しく立《た》ち、兩手《りやうて》を交叉《かうさ》して、頭《あたま》の頂上《ちやうじやう》に擧《あ》げる。

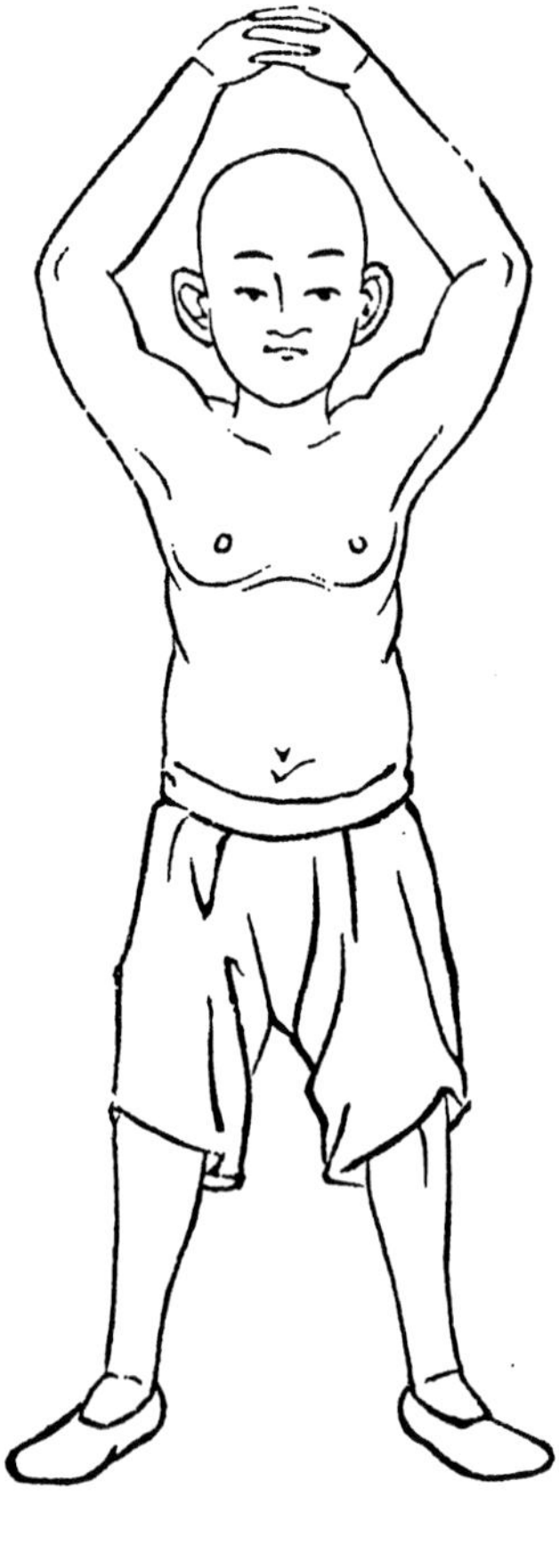

（二八）正提式《せいていしき》其《その》二

漸次《ぜんじ》に腰《こし》を弓形《ゆみがた》に屈《ま》げて、お辭儀《じぎ》をするやうな格好《かくかう》をなし、兩手《りやうて》は指尖《ゆびさき》が地面《ぢめん》近《ちか》く至《いた》るまで下《さ》げ、掌《てのひら》を反《かへ》して下《した》に向《む》ける。地面《ちめん》に至《いた》れば、掌《てのひら》を起《お》こし手《て》を前《まへ》へ提《さ》げて腰《こし》を水平《すゐへい》にし、一振《ふ》り振《ふ》つて、腰《こし》を伸《の》して身體《しんたい》を眞直《まつすぐ》にする。

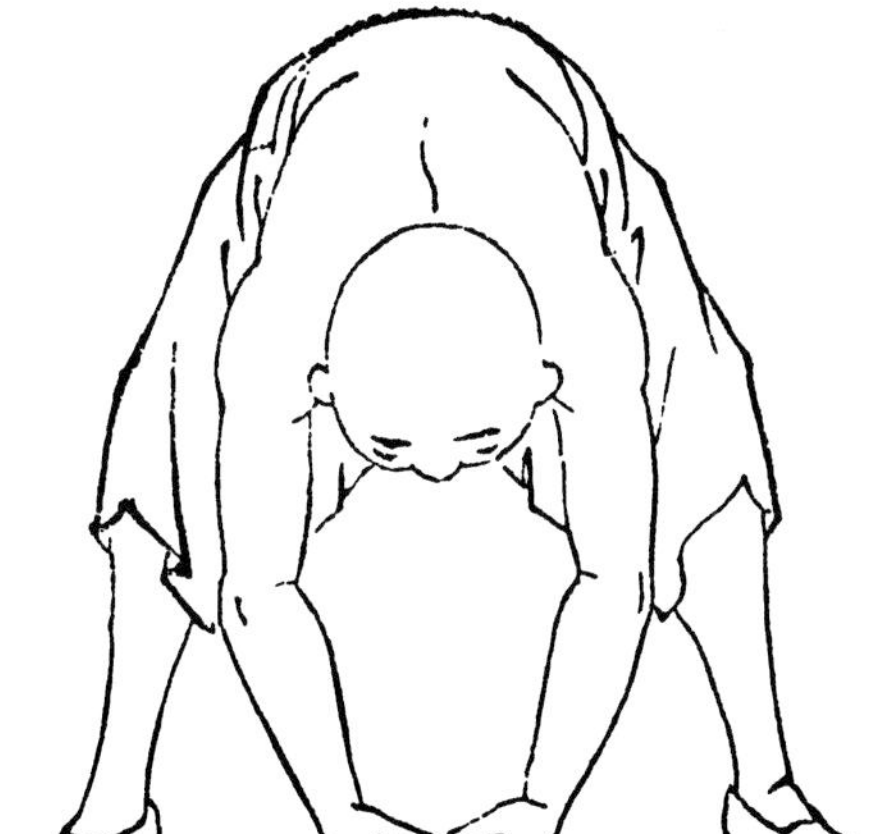

（二九）正提式《せいていしき》其《その》三

兩手《りやうて》を分開《ぶんかい》しながら、耳《みゝ》の後《うし》ろから一廻《まは》しして、掌《てのひら》を握《にぎ》り兩肘《りやうひぢ》を圓《まる》くして、物《もの》を抱《いだ》くやうな格好《かくかう》をする。兩拳《りやうこぶし》を一尺《しやく》八九寸《すん》離《はな》れて相對《あひたい》し、正面《しやうめん》を向《む》いて一口《くち》吞《どん》氣《き》する。正面《しやうめん》で三度《ど》と吞氣《どんき》三口《こう》とを行《おこな》ふ。

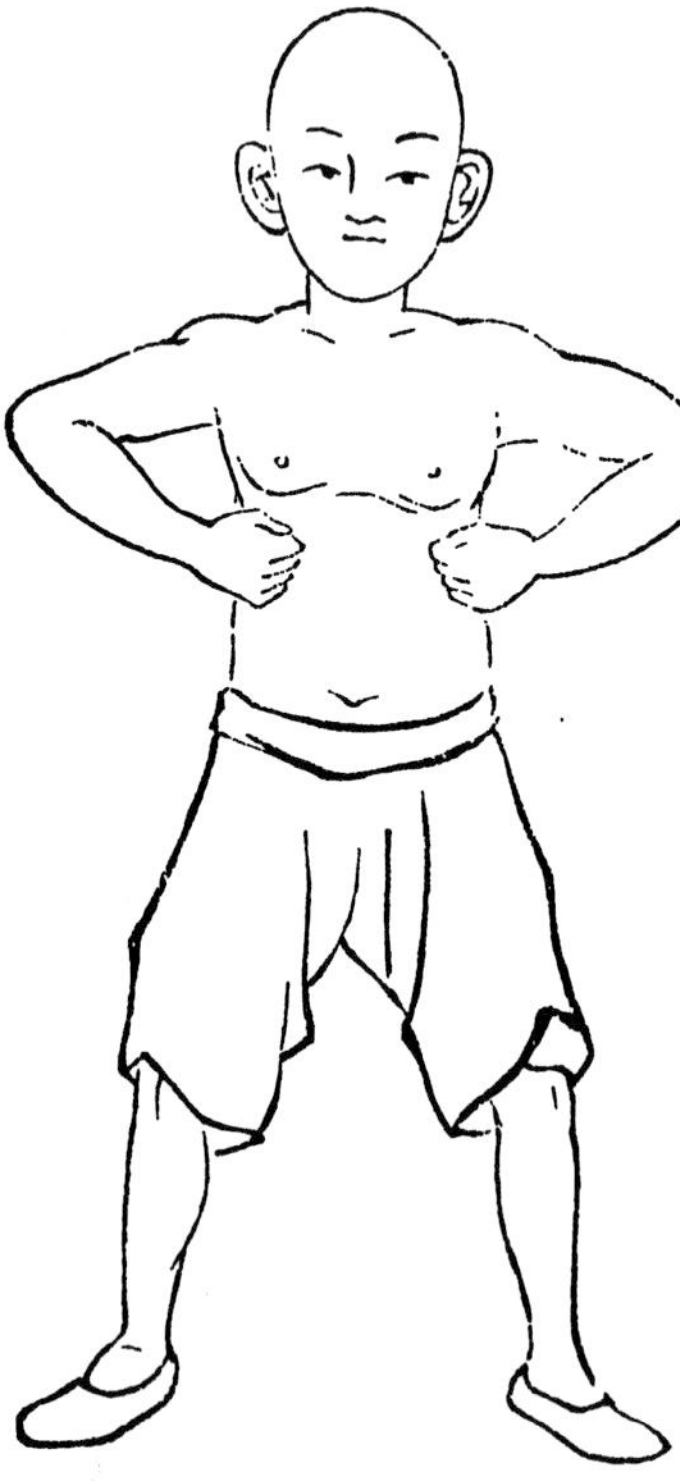

（三〇）薛公《へきこう》站式《たんしき》其《その》一

上式《じやうしき》を承《う》け、兩拳《りやうこぶし》を伸開《しんかい》して、十指《し》ともに眞直《まつすぐ》にし、耳《みゝ》の後《うし》ろから廻《ま》はし下《お》ろして、前《まへ》へ持《も》つて來《き》て乳《ちゝ》と水平《すゐへい》にする。

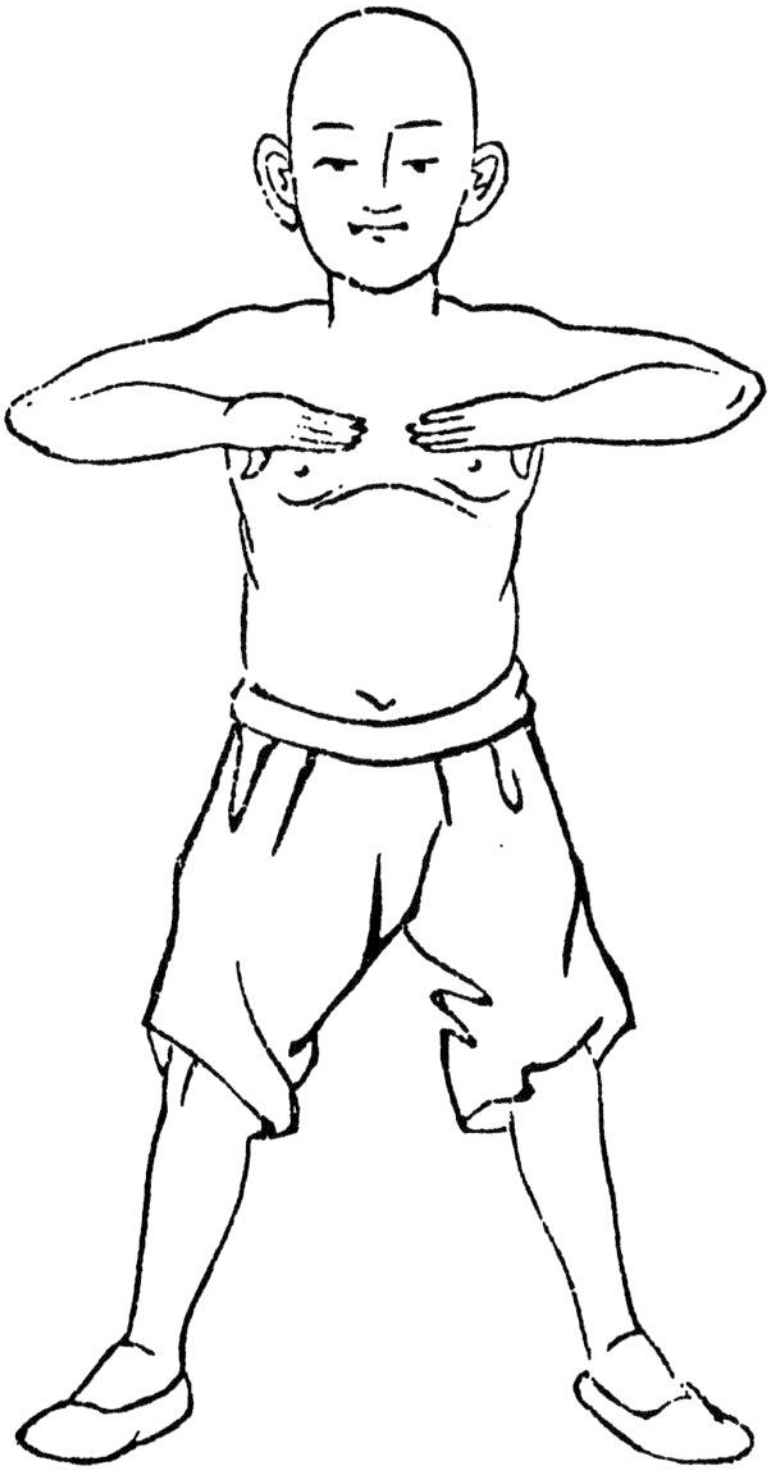

（三一）薛公《へきこう》站式《たんしき》其《その》二

兩手《りやうで》を下《した》に向《む》けて臍《へそ》まで下《さ》げる。胸《むな》から臍《へそ》に至《いた》るには、一氣《き》にさつと下《さ》げて、停《てい》留《りう》してはいけない。臍《へそ》と水平《すゐへい》になつた處《ところ》で、暫時《さんじ》停《と》める。

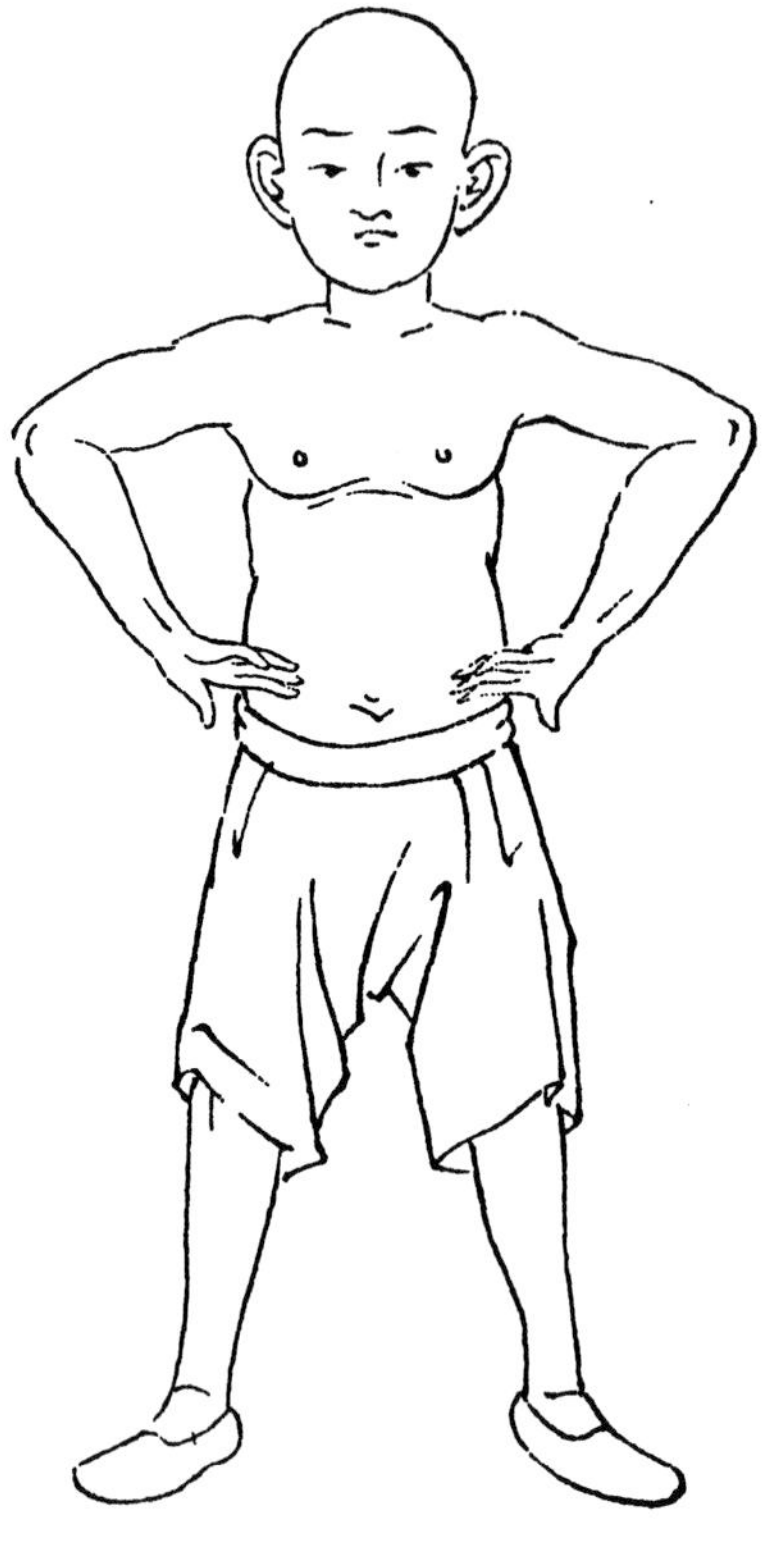

（三二）薛公站式其三《へきこうたんしきその》

兩手《りやうて》を一轉《てん》し、脇下《わきした》から捻《ひね》り出《だ》して、掌《てのひら》を仰向《あをむ》けにして肩《かた》に水平《すゐへい》に托《たく》する。手《て》は端正《たんせい》に位置《ゐち》して、頭《あたま》から離《はな》れることが四五寸《すん》て、兩拇指《りやうをやゆび》は肩《かた》の前《まへ》に、其他《そのた》の指《ゆび》は皆伸開《みなしんかい》して肩《かた》の後《うし》ろに置《お》く。

（三三）薛公站式其四《へきこうたんしきそのし》

兩手《りやうて》を合《あは》せ竝《なら》べて、顎《あご》の下《した》に平行《へいかう》させる。兩手《りやうて》の小指《こゆび》は密著《みつちやく》し、掌心《しやうしん》を上《うへ》に向《む》ける。腕《うで》も肘《ひぢ》も互《たがひ》に附著《ふちやく》させる。かうなる前《まへ》に、先《ま》づ掌《てのひら》は小指《こゆび》を竝《なら》べて上《うへ》に伸《の》して仰向《あをむ》けにする。

（三四）薛《へき》公《こう》站《たん》式《しき》其《その》五

續《つゞ》いて其儘《そのまゝ》手《て》を擧《あ》げて、額《ひたひ》の上《うへ》まで持《も》つて來《く》る。

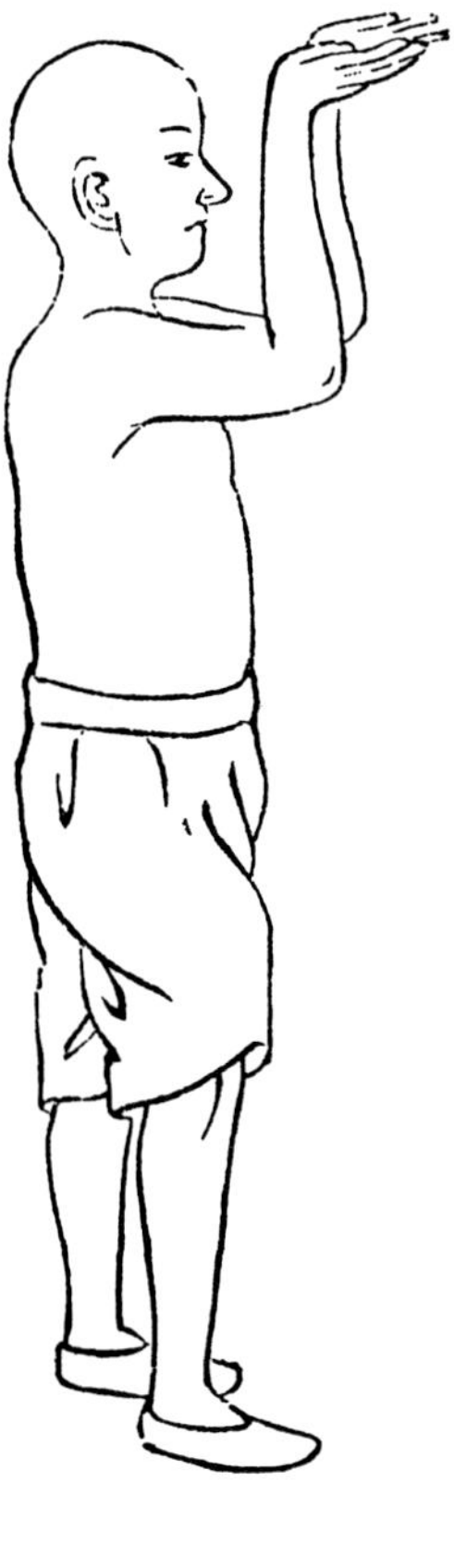

（三五）薛公站式其六《へきこうたんしきその》

次《つぎ》に十指《し》を次第《しだい》に鉤《ま》げて拳《こぶし》を握《にぎ》り、顎《あご》と水平《すゐへい》にする。

（三六）薛公站式其六《へきこうたんしきその》

兩拳《りやうこぶし》を放開《はうかい》し、掌《てのひら》を上《うへ》に仰向《あをむ》け、兩拇指《りやうをやゆび》を附著《ふちやく》させる。次《つぎ》に兩拇指《りやうをやゆび》を竝《なら》べて上《うへ》へ伸《のば》し掌《てのひら》を仰向《あをむ》けにする。

（三七）薛公《へきどう》站式《たんしき》其《その》七

續《つゞ》いて兩手《りやうて》を其儘《そのまゝ》上《うへ》に擧《あ》げて、額《ひたひ》の上《うへ》まで持《も》つて來《く》る。兩小指《りやうこゆび》を並《なら》べて、上《あ》げた勢《いきほひ》て顔《かほ》を抓《か》くやうにして下《さ》げて、拳《こぶし》を握《にぎ》り、頤《あご》の下《した》と平行《へいかう》にする。復《ま》た指《ゆび》を伸《の》ばして初《はじ》めのやうに、拳《こぶし》を仰向《あをむ》け、小指《こゆび》を並《なら》べて、上《うへ》に擧《あ》げて額《ひたひ》の上《うへ》に持《も》つて來《く》る。

（三八）薛公站式《へきこうたんしき》其八《その》

次《つぎ》に兩《りやう》小指《こゆび》を竝《なら》べながら、擧《あ》げた勢《いきほひ》て、顏《かほ》を抓《か》くやうに額《ひたひ》から手《て》を下《お》ろして、拳《こぶし》を握《にぎ》り、顎《あご》の下《した》に持《も》つて來《く》る。復《ま》た指《ゆび》を伸《のば》して初《はじ》めのやうに、拳《こぶし》を仰向《あをむ》けにし、小指《こゆび》を竝《なら》べて、上《うへ》に擧《あ》げて額《ひたひ》の上《うへ》まで持《も》つて來《く》る。更《さら》に、小指《こゆび》を竝《なら》べて上《うへ》に伸《のば》して、掌《てのひら》を仰向《あをむ》ける。

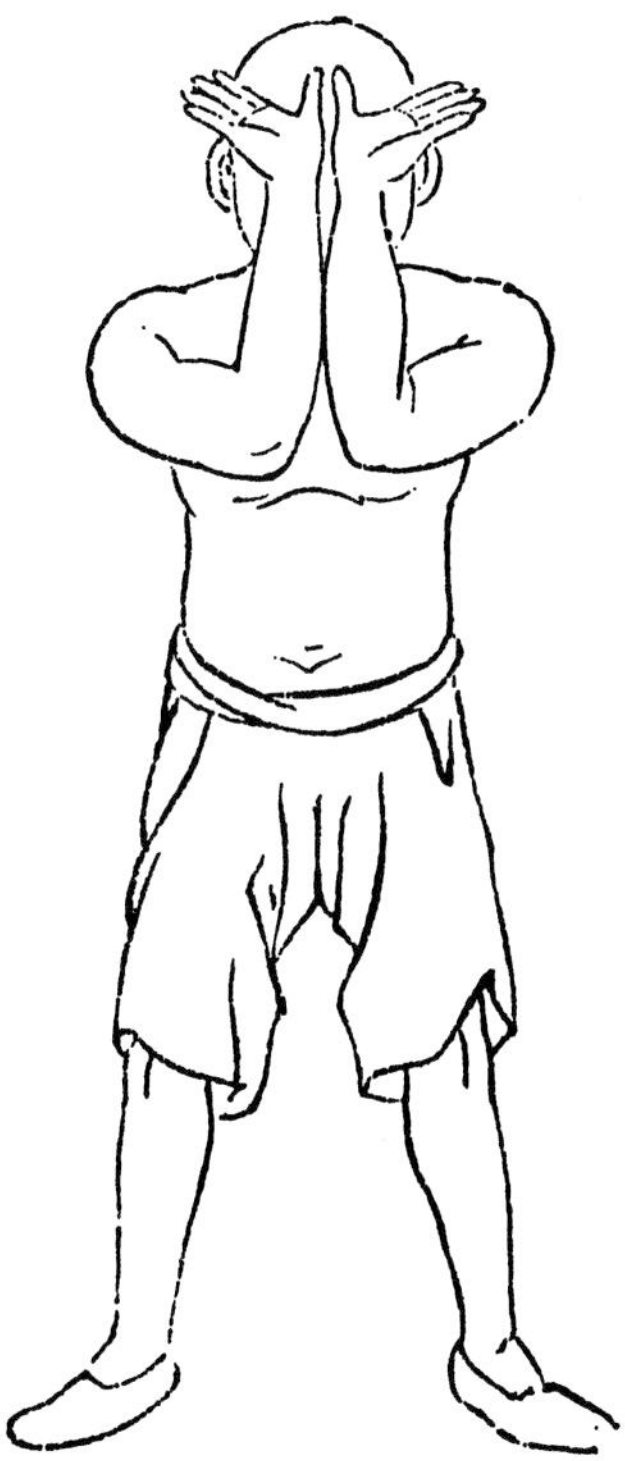

（三九）薛《へき》公《こう》站《たん》式《しき》其《その》九

十指《し》を抓《か》くやうに下《さ》げて、拳《こぶし》を握《にぎ》り、水平《すゐへい》に圓《まる》く位置《ゐち》させて、恰度物《ちやうどもの》を抱《だ》くやうな格好《かくかう》をする。兩拳《りやうこぶし》は一尺《しやく》八九寸離《すんはな》れて相對《あひたい》し、一口呑氣《くちどんき》する。三度《ど》行《おこな》ふて三口呑《くちどん》氣《き》する。

（四〇）列肘式其一《れつちうしきその》

左足《さそく》を曲《ま》げ、右足《うそく》を眞直《まつすぐ》にして、右手《めて》は拳《こぶし》を握《にぎ》り、左手《ゆんで》の掌《てのひら》は右拳《みぎこぶし》を包《つゝ》む。

（四一）列肘式《れつちうしき》其《その》二

左肘《ひだりひぢ》を左《ひだり》に向《む》けて一送《おく》りさると同時《どうじ》に、包《つゝ》んだ左《ひだり》の掌《てのひら》を開《ひら》いて、身體《しんたい》を蹲《や》がむ

やうにして、左足《さそく》を眞直《まつすぐ》に伸《のば》し、右足《うそく》を曲《ま》げ、左《ひだり》の掌《てのひら》は元《もと》のやうに右拳《みぎこぶし》を包《つゝ》み、右肘《みぎひぢ》を少《すこ》しく擡《もた》げ上《あ》げる。

（四二）列《れつ》肘《ちう》式《しき》其《その》三

次《つぎ》に身體《しんたい》を起《お》こして、左足《さそく》を弓形《ゆみがた》に曲《ま》げ、右足《うそく》を眞直《まつすぐ》にし、身體《しんたい》を左《ひだり》に傾《かたむ》け、一

口呑氣《こうくちき》する。此時《このとき》、右肘《みぎひぢ》を身體《しんたい》を傾《かたむ》ける勢《いきおい》につれて擡《もた》げ上《あ》げ、眼《め》は右脚《みぎあし》の前方《ぜんぽふ》、六寸許《すんばか》りの處《ところ》を見《み》る。右《みぎ》も同様《どうやう》である。左右各々《さいうおの〱》三度《ど》、呑氣六口《どんきろくこう》を行《おこな》ふ。

（四三）伏膝式《ふくしつしき》

左足《さそく》を曲《ま》げ、右足《うそく》を眞直《まつすぐ》にし、右手《めて》は左腿《さたい》の上《うへ》は、膝頭《ひさがしら》から二寸餘《すんあま》り離《はな》れた處《ところ》に、輕《かる》く押《お》しつけるやうに置《お》き、左手《ゆんで》を右手《めて》の上《うへ》に重《かさ》ねる。身體《からだ》を横《よこ》に少《すこ》し下向《したむ》きにし、顔《かほ》は左《ひだり》を向《む》いて、眼《め》は水平《すゐへい》に視《み》る。一口呑氣《こうどんき》して、背《せ》を伸《のば》し、項《うなじ》を眞直《まつすぐ》にし、眼《め》を下睨《したにら》みにして、足尖《あしさき》の前方《ぜんぱう》六寸許《すんばか》りの處《ところ》を視《み》る。右《みぎ》も同様《どうやう》である。左右各々《さいうおの〱》三度《ど》呑氣《のんき》六口《くち》を行《おこな》ふ。

(四四) 站消式《てんせうしき》(窩裏礟《くわりしゆん》の一)

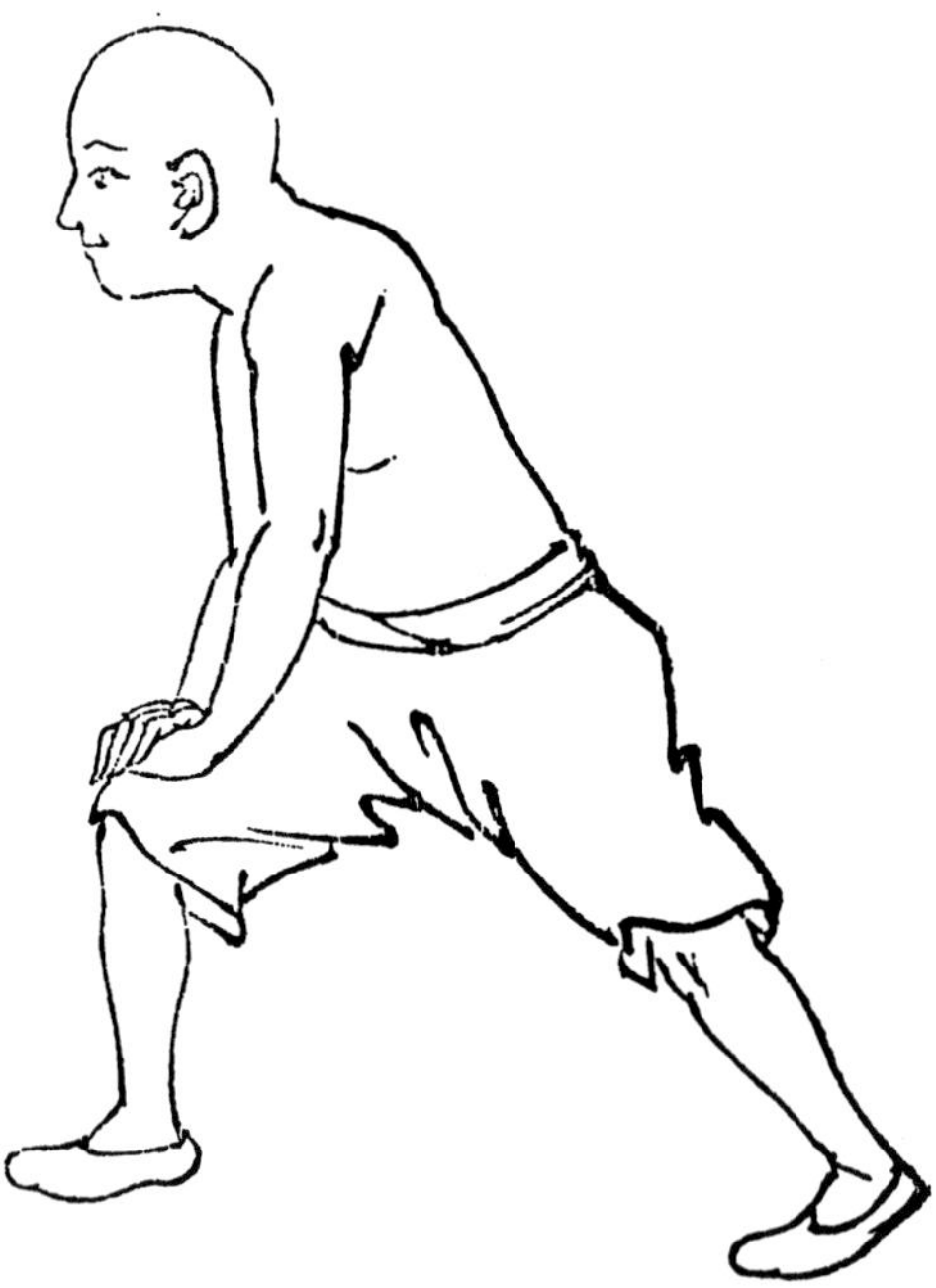

左足《さそく》を曲《ま》げ、右足《うそく》を眞直《まつすぐ》にし、左手《ゆんで》は掌《てのひら》の甲《かふ》を上《うへ》にして、心臓《しんさう》と平行《へいかう》にし、拇指《おやゆび》を内側《うちがは》に置《お》き、右手《めて》は掌心《しやうしん》を仰向《あふむ》けにして、臍《へそ》と平行《へいかう》にし、小指《こゆび》を内側《うちがは》に置《お》く。

指《ゆび》は皆開《みなひら》いて眞直《まつすぐ》にする。

（四五）站消式《てんせうしき》（窩裏礅《くわりしゆん》の二）

次《つぎ》に兩手《りやうて》とも現在《げんざい》の方向《はうかう》に横《よこ》に開《ひら》いて、拳《こぶし》を握《にぎ》る。左拳《さけん》は乳《ちゝ》と平行《へいかう》して、約《やく》八九寸《すん》離《はな》れ、拇指《おやゆび》を内側《うちがは》に置《お》き、右拳《うけん》は脇腹《わきばら》と平行《へいかう》して、約《やく》一寸餘《すんよ》離《はな》れ、拇指《おやゆび》を外側《そとがは》に置《お》く。正面《しやうめん》を向《む》いて一口呑《こうどん》氣《き》し、頭《かしら》を轉《てん》じて左《ひだり》を視《み》る。

（四六）　站消式《てんせうしき》衝天《しようてん》礮《しゆん》

次《つぎ》に左拳《さけん》を放開《はうかい》しながら、下《した》から上《うへ》へ一回轉《くわいてん》して、其勢《そのいきほひ》で拳《こぶし》を握《にぎ》つて、上《うへ》に向《む》

けて眞直《まつすぐ》に立《た》てる。拳《こぶし》の高《たか》さは額《ひたひ》と水平《すゐへい》にする。正面《しやうめん》て一口呑氣《こうどんき》し、頭《かしら》を轉《てん》じて左《ひだり》手《しゆ》の拳《こぶし》の中心《ちうしん》を視《み》る。

（四七）站消式《たんせうしき》穿心蹲《しんしゆん》

更《さら》に左手《さじゆ》を放開《はうかい》し、掌《てのひら》を眞直《まつすぐ》にして、耳《みゝ》の後《うし》ろから一廻《ま》はしゝて、拳《こぶし》を握《にぎ》つて、左《ひだり》へ眞直《まつすぐ》に伸《のば》す。此時《このとき》手《て》の甲《かふ》を上《うへ》に向《む》ける。正面《しやうめん》て一口呑氣《こうどんき》し、頭《かしら》を轉《てん》じて左《ひだり》を視《み》る。右《みぎ》も同様《どうやう》てある。左右各々《さいうおの〳〵》三度《ど》呑氣《どんき》十八口《こう》を行《おこな》ふ。

（四八）打穀袋式《だこくたいしき》（衝天礮《しやうてんしゆん》の一）

左足《さそく》を曲《ま》げ、右足《うそく》を眞直《まつすぐ》にし、右手《うしゆ》に袋《ふくろ》を持《も》ち、左手《さしゆ》は脇下《わきした》から一廻《まは》しゝて、拳《こぶし》を握《にぎ》り、肘《ひぢ》を曲《ま》げて前臂《ぜんぴ》を直立《ちよくりつ》させ、一口呑氣《こうどんき》する。

（四九）打穀袋式《だこくたいしき》（衝天礮《しやうてんしゆん》の二）

次《つぎ》に右手《みぎて》に袋《ふくろ》を持《も》つて、左上臂《さじやうひ》から、肘《ひぢ》へと、順々《じゆん〴〵》に綿密《めんみつ》に打《う》つて、左手《さしゆ》の掌心《しやうしん》に至《いた》り、手《て》の指《ゆび》は約《やく》十度《たび》打《う》つたら止《と》めて、袋《ふくろ》を下《さ》げる。此時《このとき》、左手《さしゆ》は裏向《うらむ》けにす

る。打《う》つ時《とき》は順序《じゆんじよ》よくすらりと打《う》つて、逆《ぎやく》に打《う》つてはいけぬ。若し打《う》ち漏《も》らした處《ところ》があつても、後《あと》から補《おぎな》ふてはならぬ。

（五〇）打《だ》穀《こく》袋式《たいしき》（穿心臓《せんしんしゆん》）

左拳《さけん》を放開《はうかい》し耳《みゝ》の後《うし》ろから一回轉《くわいてん》して、拳《こぶし》を握《にぎ》つて、左《ひだり》へ向《む》けて眞直《まつすぐ》に伸《のば》し、拳《こぶし》の背《せ》を上《うへ》に向《む》ける。一口呑氣《こうどんき》して、右手《めて》に袋《ふくろ》を持ち、右《う》上臂《じやうひ》から肘《ひぢ》へと、順次《じゆんじ》に打《う》つて、左手《さしゆ》の背《せ》に至《いた》り、中指《なかゆび》の尖《さき》に及《およ》んで止《と》める。此時《このとき》、左手《さしゆ》を外向《そとむ》けにする。

（五一）打穀袋式《だこくたいしき》（雕手《てうしゆ》）

左手《さしゆ》を耳《みゝ》の後《うし》ろに向《むか》つて、回轉《くわいてん》して指《ゆび》を鷲爪形《しうさうけい》にし、一口呑氣《こうどんき》する。次《つぎ》に右手《めて》に

袋《ふくろ》を持《も》ち、左《ひだり》の腋合《わきあい》から起《おこ》つて、順次《じゆんじ》に打《う》つて、小指《こゆび》の外側《そとがは》に至《いた》つて止《と》める。此時《このとき》、左手《ゆんで》を外向《そとむ》けにする。

（五二）打《だ》穀《こく》袋《たい》式《しき》（小《せう》衝《しよう》天《てん》礮《しゆん》）

左《さ》手《しゆ》を一轉《てん》して、拳《こぶし》を握《にぎ》つて、前臂《まへひ》を立《た》て、衝《しよう》天《てん》礮《しゆん》のやうな形《かたち》をして、稍《やゝ》低《ひく》くし、

一口呑氣《こうどんき》する。右手《めて》に袋《ふくろ》を持《も》ち、左肩甲《さけんかふ》から起《おこ》つて、順次《じゆんじ》に打《う》つて拇指《おやゆび》の外側《そとがは》に至《いた》つて止《と》める。此時左手《このときさしゆ》を上向《うはむ》けにする。

（五三）打穀袋式《だこくたいしき》（扛鼎《こうてい》の一）

左手《さしゆ》を脇下《わきした》から一轉《てん》しながら、拳《こぶし》を握《にぎ》り、力《ちから》一ぱい、上《うへ》に擧《あ》げて眞直《まつすぐ》に伸《のば》す。拇《おや》は後側《うしろがは》に位置《ゐち》させ、一口呑氣《こうどんき》する。顏《かほ》は仰向《あふむ》けにして、目《め》は擧《あ》げた拳《こぶし》を視《み》る。

（五四）打《だ》穀《こく》袋《だい》式《しき》（扛《こう》鼎《てい》の二）

次《つぎ》に右手《めて》に袋《ふくろ》を持ち、左《ひだり》の肋《あばら》、脇腹《わきばら》から起《お》こり、順次《じゆんに》に打《う》つて、小腹《こばら》の左側《さそく》に至《いた》り、左腿《さたい》の表面《へうめん》、膝《ひざ》、臁《けん》、脚《きやく》、趾《あしくび》に及《およ》んで止《と》める。此時《このとき》、左足《さそく》を正面《しやうめん》向《む》けにする。

（五五）打《だ》穀《こく》袋《たい》式《しき》（盤別《はんべつ》）

左拳《さけん》を放開《はうかい》し、耳《みゝ》の後《うし》ろから廻《ま》はし下《お》ろして、肘《ひぢ》を曲《ま》げ、拳《こぶし》を握《にぎ》り、胸《むね》を平《たひら》にして、一口呑《こうどん》氣《き》する。次《つぎ》に肘《ひぢ》を少《すこ》し擡《もた》げ起《おこ》して、右手《めて》に袋《ふくろ》を持《も》ち、左《ひだり》の腋合《わきあひ》の下《した》から

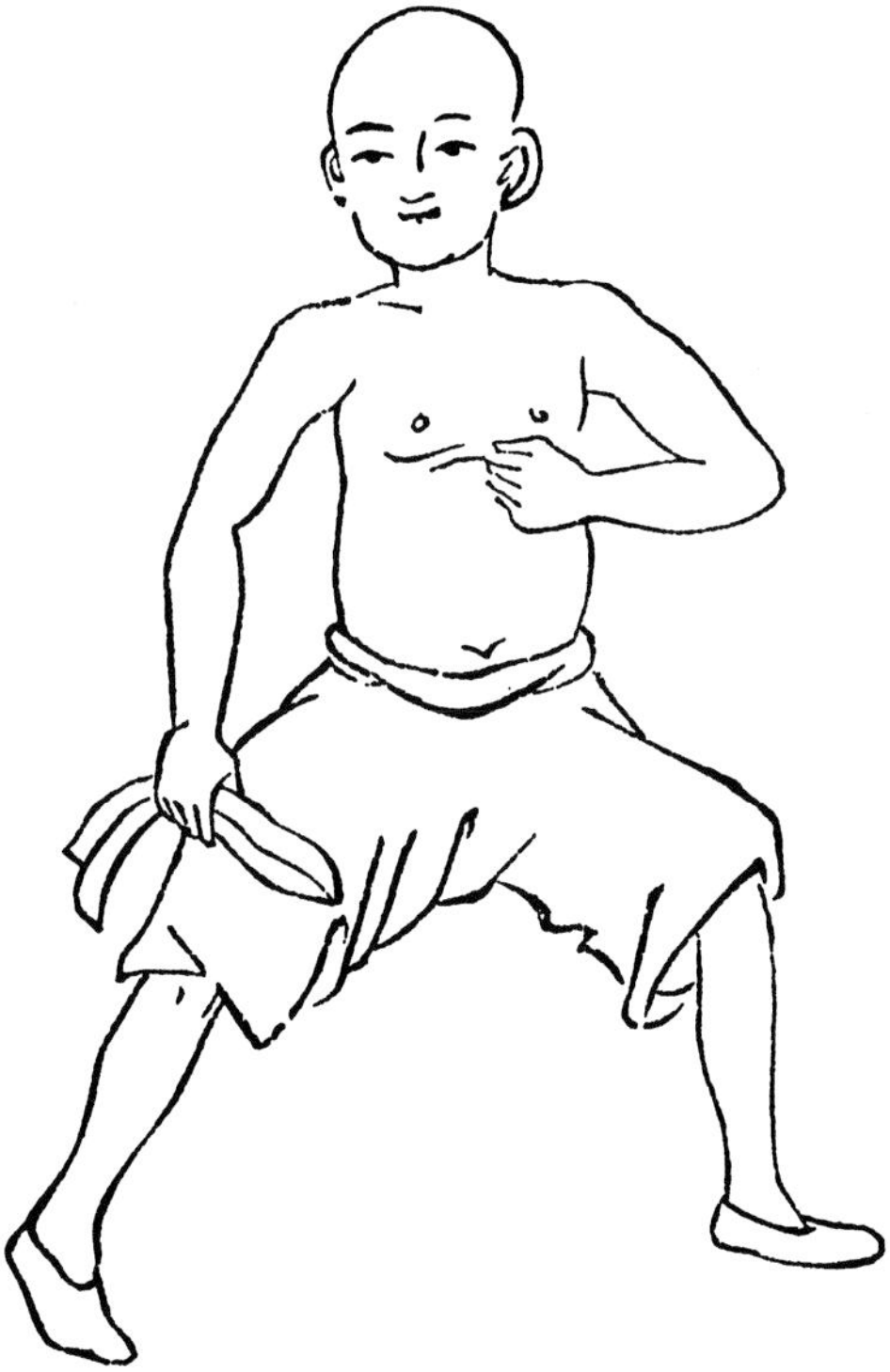

起《お》こり、斜《ため》に打《う》つて、左《ひだり》の腰《こし》の根付《ねつ》きから、踝《くろぶし》に至《いた》り、轉《てん》じて左小趾《ひだりせうし》の外側《そとがは》に及《およ》んで止《と》める。此時《このとき》左足《さそく》を外向《そとむ》けにする。

（五六）打穀袋式《だこくたいしき》（雕手《てうしゆ》）

左拳《さけん》を放開《はうかい》し、耳《みゝ》の後《うしろ》から一轉《てん》して、指《ゆび》を鷲爪形《わしづめかた》にし、一口呑氣《こうどんき》する。右手《めて》に袋《ふくろ》を持《も》ち、右血盆骨下《けつぼんこつした》（右《みぎ》の乳下《ちゝした》）から起《お》こり、順次《じゆんじ》に打《う》つて腹《はら》の左側《さそく》に至《いた》り、脇腹《わきばら》の際《きは》から横《よこ》に打《う》つて、腹《はら》の右側《うそく》に及《およ》ぶ。次《つぎ》に袋《ふくろ》を左手《さしゆ》に持《も》ち換《か》へ、右《みぎ》から横《よこ》に打《う》つて腹《はら》の左側《さそく》に至《いた》り、右手《めて》で外腎《ぐわいじん》（腎臓《じんざう》の上外面《じやうぐわいめん》）を掩《おほ》ひ護《まも》り、左手《さしゆ》を續《つゞ》けて、小腹《とばら》の左側《さそく》から打《う》ち始《はじ》めて、左腿《さたい》の裏面《りめん》から、脚《あし》、趾《あしくび》に至《いた》る。若《も》し腹中《ふくちう》に病氣《びやうき》が有《あ》つたならば、澤山《たくさん》に幾度《いくど》も打《う》つがよい。此時《このとき》、左足《さそく》を裏向《うらむ》けにする。

（五七）打穀袋式《だこくたいしき》（伏膝《ふくしつ》の一）

左足《さそく》を曲《ま》げ、右足《うそく》を眞直《まつすぐ》にし、右手《めて》に袋《ふくろ》を執《と》り、左腿《さたい》の中間《ちうかん》に輕《かる》く抑《お》しつけるや

うに置《お》き、左《さ》手《しゆ》を其上《そのうへ》に重《かさ》ねて、一口《こう》呑《どん》氣《き》する。

（五八）打《だ》穀《こく》袋《たい》式《しき》（伏膝《ふくしつ》の二）

次《つぎ》に兩手《りやうて》て袋《ふくろ》を執《と》り、頭《あたま》を越《こ》へて、左脊《ひだりせ》を二十打《う》つて、元《もと》に歸《かへ》る。此時《このとき》脊《せ》の中央《ちうあう》を打《う》つてならぬ。

（五九）打《だ》穀袋式《こくたいしき》（伏膝《ふくしつ》の三）

續《つゞ》いて左足《さそく》を伸《の》し、右足《うそく》を曲《ま》げ、右手《めて》を右腿《みぎもゝ》の上《うへ》に、拇指《おやゆび》を後《うしろ》にして置《お》く。身體《しんたい》を左後ろ斜《ひだりうしろなゝめ》にして、眼《め》は從《したが》つて左膝《ひだりひざ》を視《み》る。左手《さしゆ》に袋《ふくろ》を持《も》ち、手《て》を反《かへ》して、左脊《ひだりせ》の下《した》を打《う》ち、密實《みつじつ》に次第《しだい》に左腰《ひだりこし》の付根《つけね》に至《いた》る。至《いた》れば、手《て》を一轉《てん》しながら、左《ひだり》の臀《しり》から、腿《もゝ》、腿《もゝ》の內側《うちがは》、內膝《うちひざ》、踵《かゝと》の付根《つけね》に順次《じゆんじ》に打《う》ち及《およ》んで止《と》める。此時《このとき》、左足《さそく》を後《うしろ》向《む》けにする。左足《さそく》の四面《めん》を打《う》ち終《をは》つたならば、續《つゞ》いて右手《めて》と右足《うそく》を前法《ぜんはふ》と同《おな》じやうに打《う》つ。

（六〇）海底撈月式《かいていらうげつしき》　其《その》一

左手《さしゆ》は拇指《おやゆび》を後《うしろ》に、他《た》の四指《し》を前《まへ》にして、左腿《ひだりもゝ》の上《うへ》に置《お》き、右手《めて》は指《ゆび》を鷲爪形《わしづめかた》にする。

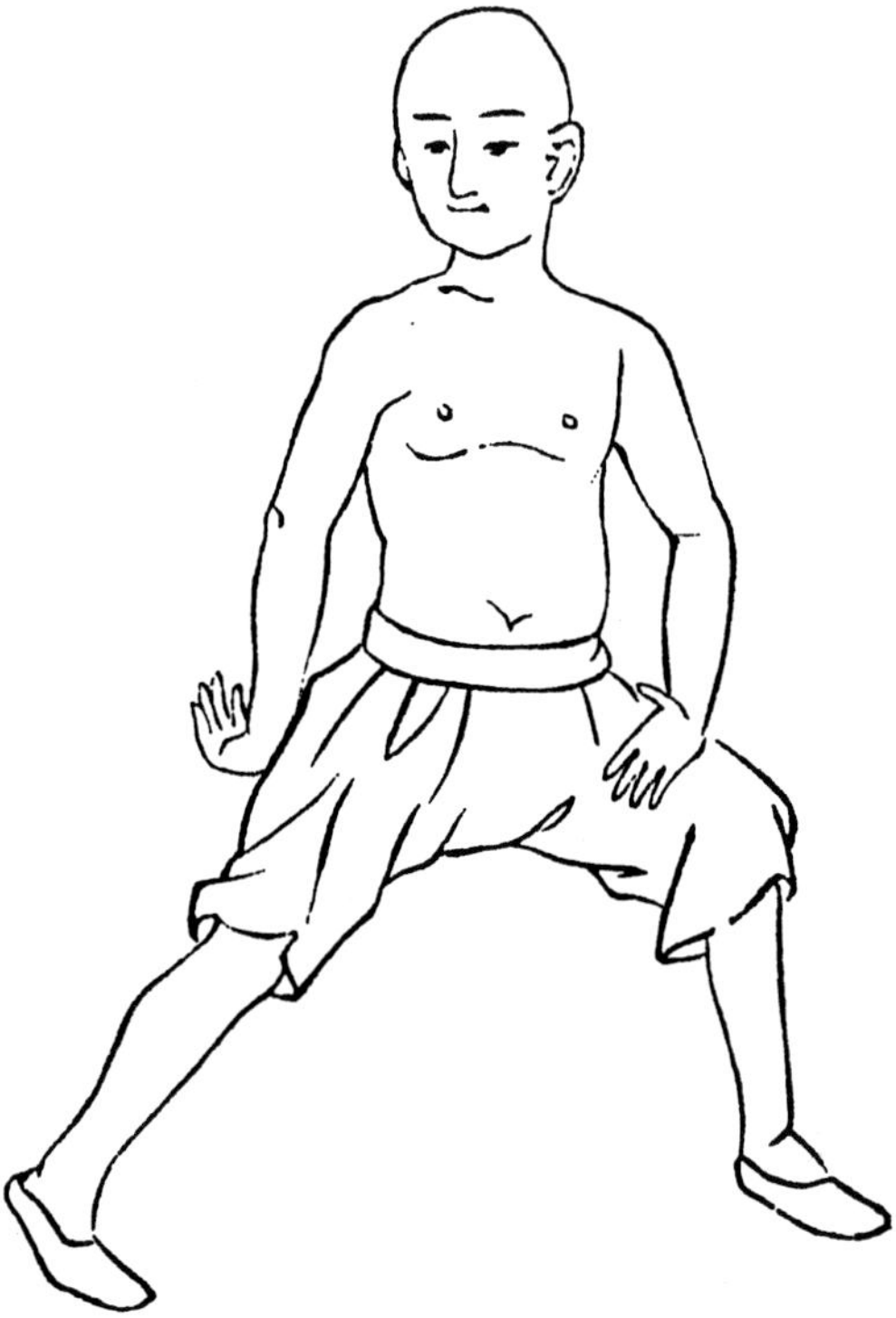

（六一）海底撈月式《かうていらうげつしき》　其《その》二

次《つぎ》に左手《さしゆ》を耳《みゝ》の後《うし》ろから一回轉《くわいてん》し掌《てのひら》を仰向《あふむ》けにして、左《ひだり》に向《む》けて伸《のば》し出《だ》す。

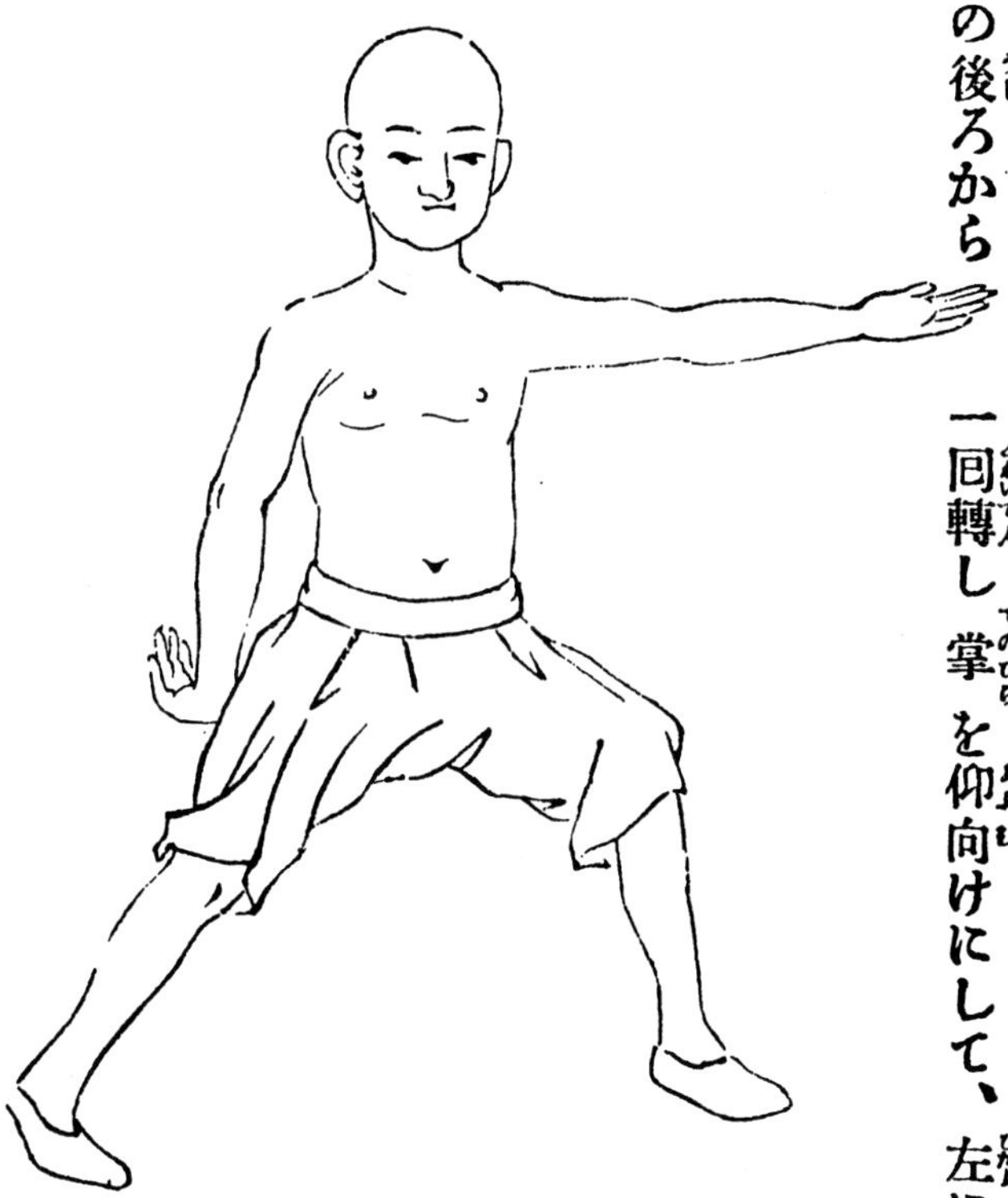

（六二）海底撈月式《かいていらうげつしき》　其《その》三

上式《じやうしき》をやる時《とき》、左手《さしゆ》を囘《くわい》轉《てん》しながら、今度《こんど》は、手《て》の甲《かふ》を上《うへ》に向《む》けて出《だ》す。

（六三）海底撈月式《かいていらうげつしき》　其《その》四

更《さら》に今度《こんど》は恰《あたか》も水中《すゐちう》に映《うつ》つた月《つき》を掬《すく》ひ取《と》るやうな格好《かくかう》に、手《て》を下《さ》げ、頭《かしら》を俯《ふ》し、

腰《こし》を曲《ま》げて、左《ひだり》から掬《すく》ふて右《みぎ》に至《いた》る。掬《すく》ふに隨《したが》つて腰《こし》を伸《のば》し、身體《しんたい》を起《お》こす。

（六四）海底撈月式《かいていらうげつしき》　其《その》五

掬《すく》ひ起《た》つたならば、左向《ひだりむ》きになつて、望月式《ばうげつしき》のやうに、左手《さしゆ》を眼《め》の高《たか》さに置《お》い

て、一口吞氣《こうどんき》する。此時目《このときめ》は左手《さしゆ》の拇指《ぼし》と食指《しよくし》との間《あひだ》を視《み》る。右《みぎ》も同様《どうやう》である。左《ひ》右各々《いうおのおの》三度《ど》、吞氣《どんき》六口《こう》を行《おこな》ふ。

以上《いじやう》の六十四式《しき》と一緒《しよ》に、吞氣《どんき》八十七口《こう》を行《おこな》ふたならば、それて第《だい》一段《だん》の功《こう》が畢《をは》るのてある。

易筋經義跋

予《よ》易筋經義《えききんきやうぎ》を讀《よ》み、因《よつ》て世《よ》の緇黃兩家《しわうりやうけ》の學者《がくしや》は牛毛《ぎうまう》より多《おほ》きも、成者《せいじや》は麟角《りんかく》よりも罕《まれ》なるを悟《さと》る。道《みち》の得難《えがた》きに非《あら》ざるなり。蓋《けだ》し內《うち》に承受《しようじゆ》の基《もとゐ》無《な》くんば、遂《つひ》に勇往《ゆうわう》の力《ちから》無《な》くして以《もつ》て致《いた》し、或《あるひ》は作《な》し、或《あるひ》は輟《てつ》し、或《あるひ》は稍々《やゝ》得《え》て復《ま》た失《うしな》ひ、或《あるひ》は優柔《いうじう》にして奮《ふる》はず。禪家《ぜんか》にありては入魔《にふま》の虞《おそれ》あり、宗門《しゆうもん》なれば迷誤《めいご》の虞《おそれ》あり、金丹《きんたん》なれば失守《しつしゆ》の虞《おそれ》あり、清淨《せいじやう》なれば枯涸《ここ》の虞《おそれ》あり、泥水《でいすゐ》なれば逆鼎《ぎやくてい》の虞《おそれ》あり、導引《だついん》なれば倦廢《けんはい》の虞《おそれ》あり、服食《ふくしよく》なれば燥烈《さうれつ》の虞《おそれ》あり。皆《みな》此《この》一段《だん》を闕《か》くに因《よ》る。基功《きこう》を作《な》す、夫《そ》れ難《かた》いかな。載道《さいだう》の器《き》たらんのみならんや。

若《も》し先《ま》づ此功《これこう》を習《なら》ふて其《そ》の根基《こんき》を植《う》うれば、安《なん》ぞ仙佛《せんぶつ》の域《ゐき》に入《い》らざるあらんや。況《いは》んや引《ひ》いて之《これ》を伸《の》ぶに於《おい》てをや。士農工《しのうこう》商《しやう》を論《ろん》ぜず、若《も》し此基《このき》あらば倶《とも》に任《にん》の重《おも》きに堪《た》へ、遠《とほ》きに致《いま》して以《もつ》て其業《そのげふ》を成《な》す。而《しか》も且《か》つ病者之《びやうしやこれ》を得《え》て安《やす》く、怯者之《けふしやこれ》を得《え》て強《つよ》く、外侮之《くわいぶこれ》を聞《き》いて懼《をそ》れ、乏嗣之《ぼふしこれ》を得《え》て延《の》び、老者之《らうしやこれ》を得《え》て康《かう》に、壯《さう》にして壽少《じゆすくな》き者之《ものこれ》を得《え》て純粹《じゆんする》にして精《せい》を以《もつ》てし、女紅《じよこう》之《これ》を得《え》て勤《きん》にして怠《をこた》らざるなり。是天地《これてんち》の間《あひだ》を擧《あ》げて人々《ひとびと》の當《まさ》に之《これ》を習《なら》ふの功《こう》にして、是《これ》を以《もつ》て達磨大師《だるまだいし》の云《い》ふ所《ところ》の基《もとゐ》なるを知《し》る。此《こ》の作佛《さくぶつ》の語《ご》豈然《あにしか》るを信《しん》ぜざらんや。

是《こ》の功《こう》を錬《ね》らざれば成《な》らず、一錬《れん》すれば卽《すなは》ち成《な》り、小錬《せうれん》すれば小成《せうせい》し、大錬《たいれん》すれば大成《たいせい》す。功有《こうあ》るも咎《とがめ》なく、益有《えきあ》るも弊《へい》なし。吾《わ》れ人世《じんせい》の間《あひだ》復《ま》た何《なん》の利益《りえき》か以《もつ》て之《これ》に比《ひ》するに足《た》り、復《は》た何《なん》の妙義《めうぎ》か以《もつ》て之《これ》に加《くは》ふるに足《た》るものあるを知らざるなり。是《こ》れ之《これ》を知《し》る者《もの》にありては、之《これ》を好《この》み之《これ》を樂《たのし》み以《もつ》て其《そ》の極《きよく》に至《いた》り、斯《か》くして古《と》人《じん》の經譯義《きやうやくぎ》を留《とゞ》むるの意《い》に負《そむ》かざるなり。

或《あ》る人《ひと》行功《こうこう》の要《えう》を問《と》ふ、曰《いは》く智《ち》仁《じん》勇《ゆう》。又《また》問《と》ふ、曰《いは》く信《しん》專《せん》恆《こう》にして已《や》まんのみ。

山百

天《てん》啓《けい》四年《ねん》歳《さい》以、甲子《かふし》三月《ぐわつ》

天台《てんだい》紫《し》凝道《ぎようだう》人《じん》

宗衡跋

洗髓經義序

易《えき》筋《きん》洗《せん》髓《ずゐ》倶《とも》に東土《とうど》の文章《ぶんしやう》に非《あら》ず、總《すべ》て是《こ》れ西方《さいはう》の妙諦《めつたい》なり。祖《そ》師《し》の授受《じゆじゆ》に因《よ》らずして、予《よ》安《いづく》ぞ得《え》て之《これ》を識《し》らんや。又《また》何《なん》に自《よ》りて之《これ》を譯《やく》せんや。我《わ》が祖師《そし》大慈悲《だいじひ》を發《はつ》し、西《にし》より東《ひがし》へ徂《ゆ》き、風《かぜ》を飡《くら》ひ水《みづ》に宿《やど》し、殆《ほとん》ど寒暑《かんしよ》を經《ふ》るを知《し》らず。山《やま》に登《のぼ》り海《うみ》を航《かう》して、又《また》幾《いく》たび險阻《けんそ》をふみしやを知《し》らず。此《かく》の如《ごと》き者《もの》豈《あに》勞《らう》を好《この》むものならんや。大道《だいだう》の多岐《たぎ》なる、將《まさ》に愈々《いよ〳〵》支《わか》れて、愈々《いよ〳〵》離《はな》れんことを悲《かなし》み、緒《あと》を接《つ》ぐの人《ひと》無《な》くして慧根《けいこん》の淹沒《えんぼつ》大道《だいだう》の多岐《たぎ》を致《いた》さんことを恐《おそ》れ、遍《あまね》く諸教《しよけう》の學者《がくしや》を觀《み》るに、咸《み》な末《すゑ》を逐《お》ふて本《もと》を忘《わす》れ、毎《つね》に教《をしへ》に在《あ》りて教《をしへ》に泥《なづ》む。誰《たれ》か能《よ》く流《ながれ》を見《み》て源《みなもと》を探《さぐ》らんや。忽《たちま》ち震旦《しんたん》(支那《しな》)を望《のぞ》めば、天《てん》に灼《しやく》として道《みち》を載《の》するの器《き》の重大《ちやうだい》の託《たく》に堪《た》ふべきもの有《あ》るを知《し》る。是《こ》れ祖師《そし》西來《さいらい》の大義《たいぎ》なり。初《はじ》めは陝西《せんせい》の燉煌《とんくわう》に至《いた》りて錫鉢《しやくはつ》を寺《てら》に遺留《ゐりう》し、次《つ》いで中《ちう》州《しう》の少林寺《せうりんじ》に及《およ》び　面壁《めんへき》趺跏《ふか》九年《ねん》、是心《ぜしん》參悟《さんご》を息《やす》まず。亦《また》想《さう》を折《を》り、功《こう》を挫《くじ》くに非《あら》ず。總《すべ》て因縁《いんねん》未《いま》だ至《いた》らざるに因《より》て、姑《しばら》く靜坐《せいさ》久留《きうりう》し、以《もつ》て智人《ちじん》の參求《さんきう》するを待《ま》つのみ。祖師《そし》人《ひと》に示《しめ》すに第《だい》一と爲《な》す所《ところ》義《ぎ》諦《たい》なるに及《およ》び、問《と》ふ者《もの》多《おほ》くは宿習《しゆくしふ》を固執《こしふ》し、領略《りやうりやく》すること能《あた》はず。再《ふた》び請《こ》うて予《わ》れ何人《なにびと》ぞや、幸《さいはひ》に至人《しじん》に進《す》み、耳《じ》提《てい》面《めん》命《めい》。頓《には》かに無《む》上《じやう》の正《しやう》傳《でん》正《しやう》覺《かく》起《おこ》る。更《さら》に教《けう》外《ぐわい》別《べつ》傳《でん》、易《えき》筋《きん》、洗《せん》髓《ずゐ》の二帙《しつ》あり。惟《おも》ふに洗《せん》髓《ずゐ》の義《ぎ》深《ふか》し。精《しやう》進《じん》の基《もとゐ》無《な》ければ初《しよ》學《がく》には解《かい》し難《がた》く、其《その》効《かう》亦《また》至《いた》り難《がた》し。是《これ》が爲《た》め未《いま》だ後《のち》の究《くつ》竟《きやう》するものあらざるなり。其《そ》の成《な》るに及《およ》ぶや、能《よ》く隱《かく》れ、能《よ》く顯《あら》はれ、金《かね》を串《つらぬ》き石《いし》を透《とう》し、脱《だつ》體《たい》圓《ゑん》通《つう》、虚《きよ》靈《れい》長《ちやう》治《ち》、聚《あつま》りて形《かたち》を成《な》し、散《さん》じて風《かぜ》となる。然《しか》れども未《いま》だ一蹴《しつ》して至《いた》る可《べか》らざるなり。易《えき》筋《きん》は義《ぎ》淺《あさ》くして入《にふ》手《しゆ》するに據《きよ》有《あ》り。初《しよ》學《がく》も解《かい》し易《やす》く、其《その》効《かう》も臻《いた》り易《やす》し。傑《きつ》基《け》の初《しよ》起《き》たるに堪《た》ふ。是《こ》れ必《かなら》ず易《えき》筋《きん》の功《こう》なり。竟《つひ》に方《まさ》に因《よつ》て髓《ずゐ》を洗《あら》ふ可《べ》し。

予《よ》や師《し》傳《でん》を得《え》て易《えき》筋《きん》を行《おこな》ひ、已《すで》に効《かう》あり。易《えき》筋《きん》原《げん》本《ぽん》一帙《てう》を將《もつ》て之《これ》を少《せう》林《りん》の壁《へき》間《かん》に藏《ざう》し、有《いう》緣《えん》者《しや》の之《これ》を得《う》るを俟《ま》つ。惟々《たゞ〱》洗《せん》髓《ずゐ》の一帙《てう》は之《これ》を衣《い》鉢《はつ》に附《ふ》し、遠《とほ》く雲《うん》水《すゐ》に遊《あそ》ぶ。緣《えん》行《ぎやう》の至《いた》るを俟《ま》たば、果《はた》して奇《き》應《わう》を獲《え》ん。曾《かつ》て敢《あへ》て輕々《かる〲》しく以《もつ》て人《ひと》に告《つ》げず。又《また》久《ひさ》しく傳《でん》を失《うしな》ひ祖《そ》師《し》西《さい》來《らい》の意《い》を辜《こ》負《ふ》するを恐《おそ》る。是《こゝ》に於《おい》てか鄙《ひ》陋《ろう》を揣《はか》らず、飜《はん》して漢《かん》語《ご》と爲《な》す。たゞ經《きやう》文《もん》に悖《もと》らざることを求《もと》めて敢《あへ》て飾《しよく》を章《しやう》句《く》に致《いた》さず。經《きやう》に依《よつ》て後《のち》に詳《しやう》譯《やく》し、併《あは》せて序《じよ》言《げん》を前《まへ》に爲《な》し、以《もつ》て智《ち》者《しや》の玩《ぐわん》味《み》して得《う》る有《あ》らんを俟《ま》つなり。

釋　慧　可　謹　識

下篇　洗髓經義

第一　總說

嘗《かつ》て佛樣《ほとけさま》が須菩提《しゆぼだい》に告《つ》げて云《い》はれるには、『易筋《えききん》の功《こう》が既《すで》に終《をは》つたならば此《こ》れに從《したが》ふがよい』と。此《こ》れは『靜夜《じやうや》の鐘《かね》』と名《な》づくるもので、人間《にんげん》の事《こと》に碍《さまた》げのなくなるものである。

凡《およ》そ人間《にんげん》なるものは、太陽昇《たいやうのぼ》つて起《お》き出《い》づるや、一日《にち》を匆々《さう〳〵》として衣食《いしよく》の爲《ため》に忙《ばう》殺《さつ》される。水《みづ》を運《はこ》ぶと共《とも》に柴《しば》を擔《にな》ひ、飮《の》みては尿《ねう》を放《はな》ち、食《しよく》しては糞《ふん》を垂《た》れる。既《すで》にして日輪沒《にちりんぼつ》して夕暮《ゆふぐれ》となり、空《そら》に明星《みやうじやう》の瞬《またゝ》く頃《ころ》となるや、燈火《とうくわ》を點《つ》けて暗室《あんしつ》を照《て》らす。夜《よ》に入《い》りて一日《にち》の仕事全《しごとまつた》く終《をは》り、いざ休息《きうそく》せんと臥床《ふしど》に入《い》りて横《よこた》はるや、忽《たちま》ちにして人皆軒聲雷《ひとみなかんせいらい》の如《ごと》くに、前後《ぜんご》も知《し》らず深《ふか》い眠《ねむ》りに陷《お》ち、生《せい》と死《し》とを忘却《ばうきやく》して仕舞《しま》ふ。但《た》だ唯識者《たゞしきしや》は暗夜人靜《あんやひとしづ》まるの時《とき》、獨《ひと》り端坐《たんざ》して沈思熟考《ちんしじゆくかう》し、自《みづか》ら體《たい》を撫《ぶ》して己《おの》れの不甲斐《ふがひ》なきを嘆《たん》ずるのである。

無爲《むゐ》にして一日《にち》を送《おく》るの慚愧《ざんき》に堪《た》へざるに、無常《むじやう》の來《きた》ることは何《なん》ぞ迅速《じんそく》なるや。身《み》は水《みづ》の少《すくな》い魚同然《うをどうぜん》である。如何《いか》にして救《すく》ふべきか、福惠果《ふくけいはた》して何時《いつ》の日《ひ》に來《きた》るべきか。恩《おも》へば四恩《おん》（天《てん》、地《ち》、君親《くんしん》、衆生《しゆじやう》の恩《おん》）も未《いま》だ報《むく》ゐることが出來《でき》ず。四緣《えん》（父《ふ》母國主《ぼこくしゆ》、三寶《ぽう》、一切衆生《さいしゆじやう》の緣《えん》）も未《いま》だ離《はな》るゝことが出來《でき》ない。四智《ち》（成所作《せいしよさ》、妙觀《めうくわん》察《さつ》、平等性《びやうどうせい》、大圓鏡《だいゑんきやう》の智《ち》）も未《いま》だ現《あら》はれて來《こ》ず、三身《しん》（法身《はふしん》、報身《はうしん》、應身《おうしん》）も未《いま》だ一に歸《かへ》つてゐない。

熟々《つくづく》法界《はふかい》の中《うち》を默觀《もくくわん》すれば、四生《せい》（胎生《たいせい》、卵生《らんせい》、濕生《しつせい》、化生《けせい》）と三有《う》（天地人《てんちじん》）とが備《そな》はり、六根《こん》（眼《め》、耳《みゝ》、鼻《はな》、舌《した》、身《しん》、意《い》の根《ね》）は六塵《ちん》（地獄《ちごく》、餓鬼《がき》、畜生《ちくしやう》、修《しゆ》羅《ら》、人間《にんげん》、天上《てんじやう》）と五蘊《うん》（色《しよく》、受《じゆ》、想《さう》、行《ぎやう》、識《しき》）とに連《つらな》り、三途《づ》（地獄《ちごく》、餓鬼《がき》、畜《ちく》生道《しやうだう》）と天《てん》と人《じん》と阿修羅《あしゆら》との六道《だう》は各《おの〳〵》其趣《そのおもむき》を異《こと》にして居《を》る。二諦《てい》（道諦《だうてい》、滅諦《めつてい》）未《いま》だ融和《ゆうわ》することが出來《でき》ず、六度《ど》（布施《ふせ》、持戒《ちかい》、忍辱《にんじよく》、精進《しやうじん》、禪定《ぜんぢやう》、智恵《ちえ》）も未《いま》だ具《そな》はることが出來《でき》ない。

抑《そもそ》も見《けん》は是《こ》れ非見《ひけん》であつて、無明《むみやう》も未《いま》だ息《やす》むことが出來《でき》ず、道眼《だうがん》は未《いま》だ精明《せいめい》せず、眉手《びしゆ》は未《いま》だ地《ち》に落《お》ちない。如何《いか》にしてか知《ち》と見《けん》とを離《はな》れて涅槃《ねはん》の意《い》を了得《れうとく》することが出來《でき》やうぞ。若《も》しも非見《ひけん》を見《み》ることが出來《でき》たならば、見知《けんち》し得《う》る所廣大無邊《ところくわうだいむへん》及《およ》ぶべくもない。實《げ》にや蝸角《くわかく》は三千世界《せかい》よりも大《おほ》きく、蟭眼《せうがん》は須彌山《すみせん》を納《い》れることが出來《でき》るのである。然《しか》るを昏々《こんく》として醉夢《すゐむ》の中《うち》に月日《つきひ》を無駄《むだ》に失《うしな》ひ、生死《しやうし》の間《あひだ》に漂《ただよ》ひながら自《みづか》ら安《やす》じとなす者《もの》は、誠《まこと》に苦海《くかい》の無邊際《むへんさい》であることを知《し》らない者《もの》である。如來《にょらい》の大《だい》慈大悲《じだいひ》なる。此《こ》れを救《すく》はんと欲《ほつ》して演述《えんじゆつ》し給《たま》ふ所《ところ》のもの、卽《すなは》ち洗髓《せんずゐ》の功《こう》である。宜《よろ》しく易筋《えききん》の功《こう》の終《をは》るを待《ま》つてなすべきである。

毎夜萬物靜《まいよばんぶつしづ》まる時《とき》、兩眼《りやうがん》に神光《しんくわう》を收《おさ》めて瞑目端坐《めいもくたんざ》し、靜《しづか》に鼻《はな》の中《なか》だけで息《いき》をし、腹中空虛《ふくちうくうきよ》を覺《おぼ》える時《とき》に淸光《せいくわう》を納《おさ》めねばならぬ。一日《にち》と晦日《みそか》と、十五夜《や》と二十六七日《にち》と、春分秋分《しゆんぶんしうぶん》と夏至《げし》と冬至《とうじ》との日《ひ》を撰《えら》んで、正午《しやうご》と正子《しやうし》（夜《よる》の十二時《じ》）とに靜止《せいし》を守《まも》り、午前《ごぜん》六侍《じ》と午後《ごゞ》六時《じ》とに乾沐浴《かんもくよく》し、一生懸命《しやうけんめい》に精神《せいしん》を鍛錬《たんれん》して意《こゝろ》に虛靜《きよせい》となれば、常《つね》に煌々《こわうく》として昧《まど》はず、決《けつ》して睡魔《すゐま》に襲《おそ》はれることはない。毎夜斯《まいよか》くの如《ごと》く、月々斯《つきぐか》くの如《ごと》く守《まも》り行《おこな》はねばならぬ。

食《しよく》を取《と》ること最小限度《さいせうげんど》に止《とゞ》め、決《けつ》して飽食《はうしよく》してはならず、身《み》を大切《たいせつ》に振舞《ふるまひ》を謙和《けんわ》にし、決《けつ》して亂暴《らんばう》をしてはならぬ。若し眞《しん》に修《をさ》め得《え》たりとするも、身體《しんたい》を堅固《けんご》に保《たも》つことを忘《わす》れてはならぬ、苟《いやし》くも柔弱《にうじやく》に身《み》を持《ち》したならば、暴戾災害《ばうれいさいがい》立《たちどこ》ろに逼《せま》るであらう。

河《かは》を渡《わた》るには筏《いかだ》を用《もち》ひ、既《すで》に彼岸《かのきし》に達《たつ》したならば筏《いかだ》を捨《す》てゝ、梯《はし》を造《つく》つて架《か》けて登《のぼ》るのは當然《たうぜん》の理《り》である。微《び》細《さい》より顯著《けんちよ》に至《いた》り、一字《じ》以《もつ》て天機《てんき》に透《とう》らねばならぬ。漸次《ぜんじ》に進《すゝ》んで細密《さいみつ》に沈思《ちんし》すれば、久《ひさ》しくし自《みづか》ら圓滿《ゑんまん》となり、蹉跌《さてつ》なく挫折《ざせつ》がない。

而《しか》して功《こう》を成《な》すのには定限《ていげん》がる。三年《ねん》と九歳霜《せいさう》を以《もつ》て動《うご》かすことの出來《でき》ない一紀《き》となし、此期限《このきげん》を逾《こ》ゆれば心空《しんくう》となり身《み》自《みづか》ら化《くわ》し、意《い》に隨《したが》つて行《おこな》ふことが思《おも》ふが儘《まゝ》である。而《しか》も一切《さい》の障碍《しやうがい》なくして圓通《ゑんつう》し、觀《み》ることが自在《じざい》で、隱顯出沒衆生《いんけんしゆつぼつしゆじやう》を濟度《さいど》し、容易《ようい》に無始《むし》に到《いた》りて、四重恩《ぢゆうおん》に報《むく》ゐ得《う》るを期待《きたい》することが出來《でき》る。

希《ねがは》くば永刧途苦《えいごうとく》に迷《まよ》ふの後人《のちのひと》、佛佗《ぶつだ》の經《きやう》を授《さづ》かり、篤《あつ》く信《しん》じて堅《かた》く守《まも》り行《おこな》ふがよい。之《こ》れを授受《じゆじゆ》するもの必《かなら》ず叮嚀《ていねい》にして、決《けつ》して輕視《けいし》してはならぬ。

第二　無始鐘氣（人生天地《じんせいてんち》と共《とも》に始終《しじう》なし）

宇宙《うちう》に至妙至大《しめうしだい》の道理《だうり》があるが、それは耳《みゝ》を以《もつ》て聽《き》くことも出來《でき》ねば、眼《め》を以《もつ》て見《み》ることも出來《でき》ない。

それに就《つ》けても先《ま》づ之《これ》を尊《たふと》み之《これ》を悟《さと》らねばならないのは元氣《げんき》である。氣《き》は理《り》として運《めぐ》らさないものはなく、理《り》は氣《き》として着《つ》かないものはない。兩者《りやうしや》が相交《あひまじは》り相竝《あひなら》べば一致《ち》となり、縱令《たとへ》之《これ》を分《わか》たうとしても離《はな》るべくもない。氣《き》と理《り》と流行《りうかう》する間《あひだ》は決《けつ》して滯《とゞこほ》ることなく、萬物《ばんぶつ》は之《これ》に依《よ》つて命脈《めいみやく》を保《たも》つのである。

金《かね》を串《くしさ》し石《いし》を透《とう》すのと、水火兩立《すゐくわりやうりつ》することが並行《へいかう》して相害《あひがい》しないのは、是《こ》れ理《り》と氣《き》と一緒《しよ》になると云《い》ふもので、生處《せいしよ》に殺機《さつき》を伏《ふく》し、殺中《さつちう》に生意《せいい》を存《そん》し、理《り》は氣《き》を以《もつ》て用《よう》を爲《な》し、氣《き》は理《り》を以《もつ》て體《たい》となして居《を》り、體《たい》に即《つ》けば以《もつ》て用《よう》を顯《あら》はし、用《よう》に就《つ》けば以《もつ》て體《たい》を求《もと》める。體《たい》に非《あら》ず亦用《またよう》で無《な》いと體《たい》も用《よう》も兩立《りやうりつ》せずして、理《り》にも合《あ》はず亦《また》氣《き》にも非《あらず》である。

一言以《げんもつ》て天機《てんき》を透《とう》し、百尺《しやく》竿頭《かんかう》更《さら》に一歩《ぽ》を進《すゝ》めたならば、原始《げんし》より更《さら》に無始《むし》に至《いた》ることが出來《でき》る。この天地《てんち》に始終《しじう》なく、人生《じんせい》も亦無始《またむし》にして無終《むしう》なるの眞意《しんい》を悟得《ごとく》したならば、方《まさ》に洗髓《せんずい》せりと言《い》ふべきてある。

第三　四大假合（人《ひと》は氣《き》と水《みづ》と火《ひ》と土《つち》との假合《かがふ》なり）

元氣《げんき》が永《なが》い間《あひだ》凝《こ》り滿《み》つると、化《くわ》して水《みづ》や火《ひ》や土《つち》となる。水《みづ》は源《みなもと》を崑崙山頂《こんろんさんちやう》に發《はつ》し、四方《はう》に達《たつ》して坑井《かうせい》に注《そゝ》ぐのである。

而《しか》して人靜坐《ひとせいざ》すれば嚴冬尙煖氣《げんとうなほだんき》を生《しやう》ずるが如《ごと》く、水中《すゐちう》にも尙火《なほひ》が具《そな》はつて居《を》る。

溫氣《をんき》が熱《ねつ》を受《う》けて蒸騰《じようとう》すれば雨《あめ》となり露《つゆ》となつて、人《ひと》を生《しやう》じ物《もの》を生《しやう》じて人間社會《にんげんしやくわい》を利益《りえき》する。水《みづ》が久《ひさ》しく澄《す》むと土《つち》となり、火《ひ》が之《これ》に氣を入《い》れると燃えるやうになる。

抑《そも》も人間《にんげん》の身體《しんたい》は一小天地《せうてんち》であつて、萬物《ばんぶつ》の遠《とほ》く及《およ》ばない微妙精緻《びめうせいち》さを有つて居《ゐ》るが、此《こ》の小天地《せうてんち》を現出《げんしゆつ》する素質《そしつ》は總《すべ》て氣の餘《あまり》に過《す》ぎずして、本來人間自身《ほんらいにんげんじしん》の有《もの》ではない。解散《かいさん》すると宇宙《うちう》に還《かへ》つて仕舞《しま》ふのである。

生《せい》と云《い》へども未《いま》だ曾《かつ》て生《うま》れず、死《し》と云《い》へども未《いま》だ曾《かつ》て死《し》せざるに、如何《いか》でか形骸《けいがい》が留《とゞま》らうぞ。老來空《らうらいむな》しく天地《てんち》に遲《おく》るゝは恥《は》づべきである。須《すべか》らく氣と水《みづ》と火《ひ》と土《つち》の假合《かがふ》たる人間《にんげん》の身《み》を以《もつ》て眞《しん》に合《がふ》し、凡庸《ぼんよう》を離《はな》れ命數《めいすう》を超脫《てうだつ》して洗髓經《せんずゐきやう》を遵守《じゆんしゆ》して之《これ》に通曉《つうげう》したならば、長生《ながい》きが出來《でき》るてあらう。

第四　凡聖同歸（凡人聖人《ぼんじんせいじん》豈種《あにしゆ》あらんや）

凡夫《ぼんよ》は時間《じかん》を無駄《むだ》に費《つひや》し、服裝《みなり》を飾《かざ》り、美食《びしよく》を恣《ほしいまゝ》にして、交際《かうさい》に努《つと》め、遊惰《いうだ》に暮《く》らして居《ゐ》るが、世《よ》の人々《ひと〴〵》も多《おほ》くは御《ご》多《た》分《ぶん》に洩《も》れずに碌々《ろく〴〵》として日《ひ》を送《おく》り、天地《てんち》の間《あひだ》に自己《じこ》の生死《しやうし》を計《はか》る暇《ひま》さへなく、總《すべ》て名利《みやうり》に牽《ひ》かれて居《ゐ》る。從《したが》つて一旦《たん》神氣《しんき》が散《さん》ずると、油《あぶら》が盡《つ》きて燈火《ともしび》が滅《めつ》するやうに、命《いのち》を失《うしな》ふて醜骸《しうかい》を壙野《かうや》に横《よこた》へ、魂魄《こんぱく》忽《たちま》ち去《さ》つて、一生《しやう》一夢《む》と化《くわ》し去《さ》つて仕舞《しま》ふ。而《しか》も生涯《しやうがい》仔《つぶ》さに千苦《く》萬苦《ばんく》を經《へ》て、煩悶《はんもん》の幻《げん》境《きやう》休《やす》む時《とき》はない。然《しか》るに聖人《せいじん》は眞理《しんり》を認《みと》むるを以《もつ》て、粗衣粗食《そいそしよく》に甘《あまん》じ、己《おの》れを持《ぢ》することと質素《しつそ》であるから、毫《とう》も身口《しんこう》の爲《ため》に累《わづら》はさるゝことがない。

恭《うや》〳〵しく惟《おもん》みるに天地《てんち》は本《もと》我《わ》れと一體《たい》である。成程體《なるほどからだ》の大小《だいせう》こそあれ、その活用《くわつよう》は少《すこ》しも異《ことな》る所《ところ》がない。天地《てんち》に日月《にちげつ》があるやうに人間《にんげん》に兩眼《りやうがん》があり、日月《にちげつ》に晦朔《かいさく》があるかと思《おも》へば、星《ほし》もあれば燈《ともしび》もある。縱令《たとい》星《ほし》や燈《ともしび》は消滅《せうめつ》しても見性《けんしやう》は終《つひ》に沒《ぼつ》することなく、よしや盲目《まうもく》となつても、手《て》を伸《のば》して採《と》り模《も》すれば、人《ひと》の全身《ぜんしん》は是《こ》れ眼《め》であるから、觸《ふ》るゝ所《ところ》その物《もの》を辨《わきま》へ得《う》るのである。

此《こ》の心靈《しんれい》が卽《すなは》ち天地《てんち》の森羅萬象《しんらばんしやう》を包攝《はうせつ》して、見《み》るに目《め》を以《もつ》てせず、聽《き》くに耳《みゝ》を以《もつ》てしなくても、能《よ》く見《み》、能《よ》く聽《き》くのである。心《こゝろ》さへ淸淨潔白《しやうじやうけつぱく》であるならば、何等《なんら》嗜《し》慾《よく》の爲《ため》に邪魔《じやま》されずに、自然《しぜん》と原來《もときた》りし處《ところ》を知《し》つて、而《しか》して原來《もときた》りし處《ところ》へ歸向《きかう》し去《さ》るのである。

凡夫《ぼんぷ》も聖人《せいじん》も共《とも》に眼《め》は横《よこ》に鼻《はな》は縦《たて》に着《つ》いて居《ゐ》る。而《しか》も來《く》る時《とき》は同《おな》じやうに來《き》て、歸《かへ》りは道《みち》が違《ちが》ふのは、凡夫《ぼんぷ》は心氣《しんき》を外《ほか》に馳《は》せることが多《おほ》いからである。若《も》しも放心《はうしん》を戒《いまし》めて內《うち》に收《をさ》めることが出來《でき》たなれば、常《つね》に生《せい》と死《し》とを兩々《りやう〳〵》提《ひつさ》げて、この色健《しきけん》の身《み》を超越《てうゑつ》し、力《ちから》を精進《せいじん》に努《つと》めて洗髓《せんずゐ》さへすれば、以《もつ》て本原《ほんげん》に立《た》ち還《かへ》り、凡夫《ぼんぷ》も亦聖《またせい》人《じん》となり得《え》て、凡聖同《ぼんせいおな》じく歸《かへ》ることが出來《でき》る。

第五　物我一致（萬物《ばんぶつ》は人《ひと》と一致《ち》す）

萬物《ばんぶつ》は萬物《ばんぶつ》でなくて我等《われら》人類《じんるゐ》と同《どう》一の氣《き》であり、その氣《き》が諸々《しよく》の形相《けいさう》を幻出《げんしゆつ》して、萬物《ばんぶつ》の生成《せいせい》を助《たす》けるのである。

有《あら》ゆる人《ひと》は須《すべか》らく物《もの》を有《いう》せねばならず、有《いう》して之《これ》を用《もち》ひて衣《い》を作《つく》り食《しよく》を整《ととの》へ、或《あるひ》は藥餌《やくじ》ともなし、又《また》器具《きぐ》ともするが、一つを缺《か》いでも不自由《ふじいう》を感《かん》ずる。鳥《とり》も獸《けもの》も蟲《むし》も草木《くさき》も萬物《ばんぶつ》皆《みな》悉《ことごと》く人《ひと》の役《やく》に立《た》つとは、造化《ざうくわ》の恩《おん》は洪大《こうだい》無邊《なへん》ではないか。然《しか》るが故《ゆゑ》に妄《みだ》りに生物《いきもの》を殺《ころ》すは之《こ》れ暴戻《ばうれい》である。愼《つゝし》まねばならぬ。

而《しか》して蜉蝣《ふいふ》や蚊蠅《ぶんじやう》が朝生《あさうま》れて暮《くれ》に死《し》するにも拘《かゝは》らず、龜《かめ》や鶴《つる》や麋《おほじか》や鹿《しか》は、食《しよく》を取《と》ること少《すくな》くして主《おも》に氣《き》を服《ふく》するが故《ゆゑ》に長命《ちやうめい》を保《たも》つことが出來《でき》るのである。人間《にんげん》にしてその壽命《じゆみやう》が動物《どうぶつ》に若《し》かないのは、唯々《たゞく》衣食《いしよく》にのみ汲々《きふく》として之《これ》を貪《むさぼ》り、生《せい》と死《し》とを忘《わす》れるからである。苟《いやし》くも斷乎《だんこ》として嗜慾《しよく》を却《しりぞ》けることが出來《でき》たならば、萬物《ばんぶつ》人《ひと》と一致《ち》せんこと蓋《けだ》し易々《いゝ》たるものである。

第六　行住坐臥睡

人《ひと》が道《みち》を行《ゆ》くのに盲人《まうじん》が杖《つゑ》を有たないで歩《ある》くやうな調子《こうし》であつたならば、自然《しぜん》と足《あし》を運《はこ》ぶのに低《ひく》く緩漫《くわんまん》て、確實《かくじつ》に一歩《ぽ》々々踏《ふ》みしめて行《ゆ》き、決《けつ》して早急《さうきふ》には歩《ある》かないてあらう。誠《まこと》に人生《じんせい》の行路《かうろ》も亦之《またこ》れに等《ひと》しく、人《ひと》は早急繁忙《さうきふはんばう》の中《うち》に錯誤《さくご》を生《しやう》ずるが、反對《はんたい》に沈着《ちんちやく》して急《いそ》がなければ、平安《へいあん》を保《たも》つことが出來《でき》る。

又《ま》た住《とゞま》（止《とま》るの意《い》）るには、崖際《がけぎは》の馬《うま》か、さなくば岸《きし》に着《つ》かんとする舟《ふね》の如《ごと》く、瞬《しゆん》時《じ》の油斷《ゆだん》も毫毛《がうまう》の隙《すき》もなく、一意專念當面《いせんねんたうめん》の事《こと》にのみ心《こゝろ》を注《そゝ》いで、決《けつ》して他愛餘事《たあいよじ》に馳《は》せ使《つか》つてはならぬ。安固《あんこ》として止《とゞま》る爲《ため》には、宜《よろ》しく止《とゞ》まり得《う》る道《みち》を知《し》らねばならぬ。精神《せいしん》を一點《てん》に留《とゞ》めて虚心《きよしん》なること空谷《くうこく》に在《あ》るが如《ごと》く、定立《ていりつ》して少《すこ》しも傾斜《けいしや》してはいけない。然《しか》らば身體《からだ》の末端《まつたん》も自然《しぜん》と堅固《けんご》に、耳《みゝ》も眼《め》も心《こゝろ》に伴《ともな》ふて靜《しづ》かなること止水《しすゐ》の如《ごと》く、明《あきら》かなること明鏡《みやうきやう》の如《ごと》くになるであらう。斯《か》くて萬事萬物紛々《ばんじばんぶつふんぷん》たるに任《まか》せ去《さ》る事《こと》が出來《でき》て、過去《くわこ》の苦《くる》みも將來《しやうらい》の惱《なや》みもなく、心身每《しんしんごと》に是《こ》れ安《やす》しの境地《きやうち》に至《いた》るであらう。

坐《ざ》すことは山岳《さんがく》の泰然《たいぜん》として重《おも》きが如《ごと》く、身《み》を端直《たんちよく》にして儀容《ぎよう》を嚴肅《げんしゆく》にし、舌《した》を深《ふか》く藏《かく》して口《くち》を堅《かた》く閉《と》ぢ、鼻《はな》で大《おほ》きく息《いき》を吐《は》き出《だ》しては又《ま》た吸《す》ひ入《い》れる。氣《き》が充分《じうぶん》に足《た》れば精神《せいしん》も自《みづか》ら裕《ゆるや》かとなり、以《もつ》て骨《ほね》を洗《あら》ひ、同時《どうじ》に髓《ずゐ》を洗《あら》ふことは、既《すで》に別《べつ》に傳《つたは》つた所《ところ》の如《ごと》くである。

臥《ふ》するには其形《そのかたち》を曲《まが》つた箕《みの》の様《やう》にし、左右各《さいうかく》その宜《よろ》しきに從《したが》ひ、兩膝《りやうひざ》を常《つね》に交叉《かうさ》させて、兩足《りやうあし》を鈎《かぎ》の如《ごと》くに曲《ま》げ、兩手《りやうて》は腹《はら》の上《うへ》に臍《へそ》を捫《にぎ》るやに置《お》いて、身體《からだ》の下部《かぶ》を押《お》し、時々《ときどき》睾丸《かうぐわん》を攫《つか》み捻《ひね》つて、龍《りよう》が球《たま》に戯《たはむ》れる勢《いきほひ》をする。倦《う》めば身體《からだ》を横《よこ》にして眠《ねむ》る。睡中少《すゐちうすこ》しも迷《まよ》ふことなく安眠《あんみん》し、眼《め》が覺《さ》めたら足《あし》を伸《のば》して仰向《あふむ》けとなり、暫《しばら》く其儘《そのまゝ》にして置《お》く。起《お》きた後《のち》も心氣《しんき》少《すこ》しも平常《へいじやう》と異《こと》なることはない。九年經《ねんた》つと效顯《かうけん》が見《み》え、生死《せいし》の關《せき》を超出《てうしゆつ》することが出來《でき》るが、本篇《ほんぺん》の眞諦《しんてい》とする所《ところ》は究竟《きうきやう》するに如來《によらい》の意《い》に外《ほか》ならないのである。

第七　髓を洗ふて原に還る

易筋《えききん》の功《こう》が既《すで》に畢《をは》ると、金剛《こんがう》の體《たい》が成《な》り外部《ぐわいぶ》からの交感《かうかん》に侵《をか》されることが無《な》くなる。然《しか》し縱令《たとへ》飲食《いんしよく》に由《よつ》て累《わずら》ひさるゝ所《ところ》はなくなつても、未《いま》だ尚《なほ》七情《じやう》に由《よつ》て傷《きずつ》けられるてあらう。誠《まこと》に本元《ほんげん》なる神氣《しんき》にして自《みづか》ら能《よ》く持《ぢ》するに非《あら》ざれば、縱《よ》しや金剛《こんがう》の相《さう》を具《そな》へたにしても、猶是《なほこ》れ血《ち》と肉《にく》とに因《よ》つて成《な》つた體軀《たいく》に過《す》ぎない。須《すべか》らく洗髓《せんずゐ》經《きやう》に照《てら》して修得《しゆとく》する所《ところ》がなくてはならぬ。

食《しよく》を少《すく》くして氣《き》を多《おほ》く取《と》り、按摩《あんま》と乾沐浴《かんもくよく》とを勵行《れいかう》して、眼《め》をこすり、鼻《はな》をさすり、顔《かほ》を撫《な》て、耳《みゝ》を旋回《せんくわい》させねばならぬが、度數《どすう》には敢《あへ》て制限《せいげん》はない。眼《め》を常《つね》に鼻《はな》を觀《くわん》、口《くち》を結《むす》んで鼻《はな》で息《い》きをし、鼻《はな》の毛《け》は拔《ぬ》き去るがよい。又《ま》た遠《とほ》くへ唾《つば》きをしてはならぬ。毎朝《まいあさ》五時《じ》に起《お》き、深呼吸《しんこきふ》に由《よつ》て濁《だく》氣を出《だ》して清《せい》氣を納《い》れ、眼《め》を大《おほ》きく開《ひら》いて、勢《いきほひ》よく小便《せうべん》をする。朝寢坊《あさねばう》は大禁物《だいきんもつ》である。

起床後《きしやうご》厚《あつ》い坐布團《ざぶとん》の上《うへ》に右膝《みぎひざ》で左膝《ひだりひざ》を包《つゝ》むやうに趺跏《ふか》（坐禪《ざぜん》の意《い》）して坐《すわ》り、褌《ふんどし》と帶《おび》とを弛《ゆる》め、舌《した》を前下方《まへかはう》に腭《あご》を支《さゝ》へるやうに卷《ま》いて規則正《きそくたゞ》しく吸呼《こきふ》する。兩《りやう》脇腹《わきばら》と尾骶骨《びていこつ》とに重《おもみ》をけかて臀《しり》を落《お》ちつけ、手《て》で腎臟《じんざう》を左右《さいう》から推《お》し搦《から》め、分《わ》けては合《あは》せ、合《あは》せては又分《またわ》け、次《つい》で上《うへ》へと按《あん》じ上《あ》げる。更《さら》に手《て》で確《しつ》かと兩膝頭《りやうひざがしら》を握《にぎ》り、綿《めん》密《みつ》に鼻《はな》で吸氣《きふき》し、綿々《めん〳〵》として之《これ》を肺《はい》に送《おく》る。若し此時《このとき》口中《こうちう》に唾液《だえき》を生《しやう》じたならば、ぐつと氣合《きあひ》を入《い》れて腹《はら》へと呑《の》み下《くだ》す。

次《つぎ》に齒《は》を音強《おとつよ》く嚙《か》み鳴《な》らし、兩手《りやうて》を臍《へそ》の上《うへ》に重《かさ》ね、足《あし》を伸《のば》して趾《あしのうら》を前《まへ》にして、三十六口呼吸《こうこきふ》する。兩手《もろて》で伸《の》ばした右足《うそく》を按摩《あんま》し、次《つぎ》に右足《うそく》を立《た》てゝ左足《さそく》を伸《のば》して同樣《どうやう》に按摩《あんま》をする。按摩《あんま》が既《すで》に終《をは》つたら、徐々《じよく》に足《あし》を引《ひ》き、手《て》を杖《つゑ》つき、腰《こし》を擧《あ》げて起《お》き上《あが》り、緩《ゆる》やかに足《あし》を運《はこ》んで歩《ある》き出《だ》す。忙《せ》はしく歩《ある》くと過失《くわしつ》があるかも知《し》れないから、緩歩《くわんぽ》を守《まも》らねばならぬ。

三年《ねん》に加《くは》ふること更《さら》に九年《ねん》、心氣《しんき》共《とも》に淸《きよ》く滌《すゝ》がれ、骨《ほね》を洗《あら》ひ、髓《ずゐ》を洽《あま》ふて、人間《にんげん》の醜《みにく》い殼《から》を脫《ぬ》ぎ捨《す》てゝ、身《み》は人界《じんかい》を飛《と》び去《さ》り、殆《ほとん》ど天《てん》と渾化《こんくわ》し、遂《つひ》に最後《さいご》に究極《きうきよく》の妙境《めうきやう》に至《いた》るであらう。是《こ》れ卽《すなは》ち說偈《ぜげ》に『口中言少《こうちうげんすくな》ければ心頭事少《しんとうことすくな》く、腹裏食少《ふくりしよくすくな》すれば自然《しぜん》に睡少《ねむりすくな》し』と曰《い》へる所《ところ》のもので、苟《いやし》くも人《ひと》にして此《この》四少《せう》さへあれば、以《もつ》て能《よ》く長生《ちやうじやう》することが出來《でき》る。

靈肉修養神通自在（終）

飜譯洗髓經義跋

前《まへ》に經文《きやうもん》を讀《よ》み、後《のち》に名義《めいぎ》を譯《やく》す。文言《ぶんげん》、名義《めいぎ》の異味《いみ》、迎《むか》ふべし。梵語《ぼんご》にて達磨《だるま》は華言《くわごん》の法空《はふくう》なり。諸所《しよしよ》の有《いう》を空《くう》にして、卽《つ》かず。人《ひと》若《も》し經《きやう》を執《と》りて終《をはり》に通《つう》ぜずんば、移分門別《いぶんもんべつ》す。曰《いは》く我《が》慢《まん》に自《じ》遡《すう》、已《すで》に同《おな》じければ許《ゆる》し、已《すで》に異《こと》なれば毀《こぼ》つ。教《をしへ》に在《あ》りて教《をしへ》に泥《なづ》んで死《し》の範圍《はんゐ》に老《お》ゆ。此《かく》の如《ごと》きの人《ひと》は迂《う》にして且《か》つ鄙《ひ》なり。井《ゐ》に坐《ざ》して天《てん》を觀《み》るが如《ごと》く、蟪蛄を期《き》するのみ。祖師《そし》は圓通《ゑんつう》し、東遊西歸《とういうせいき》、隻履《せきり》獨《ひと》り歩《あゆ》む。熊耳《いうじ》に跡《あと》を滅《めつ》す。奎度《けいど》を惟《おも》はず、且《か》つ同理《どうり》を幷《あは》す。窒《ちつ》なく碍《がい》なく、大自在《だいじざい》を得《え》たり。噫噫《ゐ》吾師《わがし》天縱《てんじう》に和《わ》を生《しやう》じ、默識《もくしき》に生《しやう》ず。幼《えう》にして頴異《えいゐ》少《わか》くして印度に遊《あそ》び、窮《みづか》ら敬誼《けいぎ》を有《いう》し、言筌《げんせん》に泥《なづ》まず、直《たゞち》に淵源《えんげん》を見《み》る。時《とき》に東土《とうど》に在《あ》り、直《たゞち》に性地《せいち》を指《さ》す。纏《まとひ》を解《と》きて續《ぞく》を出《い》だす。天《て》人師《じんし》の資《し》なり。我祖《わがそ》は洪慈《こうじ》、遺慈《ゐじ》の妙諦《めうたい》、後《のち》の見《み》る者《もの》、愼《つゝし》みて漠視《ばくし》すること勿《なか》れ。

釋慧可謹識

大正九年四月十五日印刷
大正九年四月二十日發行

定價金壹圓八拾錢

袖通自在

（著作權所有）

著者　吉田正平

東京市京橋區南槇町十八番地
發行者　大倉廣三郎

東京市京橋區西紺屋町二十七番地
印刷者　石川金太郎

發行所　東京市京橋區南槇町十八番地
（振替東京四六八四
電話京橋二四六三）
廣文堂書店

（秀英舍印刷）

霊肉修養 神通自在

平成十三年十月三十日　復刻版 初 刷 発行
令和 六 年四月十二日　復刻版第四刷発行

著　者　達磨大師
訳　者　吉田正平

発行所　八幡書店
東京都品川区平塚二—一—十六
ＫＫビル五階
電話　〇三（三七八五）〇八八一
振替　〇〇一八〇—一—四七二七六三

ISBN978-4-89350-569-9 C0014 ¥2800E